课题分离

把别人的问题还给别人

任丽 著

北京联合出版公司

图书在版编目（CIP）数据

课题分离：把别人的问题还给别人 / 任丽著.
北京：北京联合出版公司，2025. 8. -- ISBN 978-7
-5596-8513-1

Ⅰ．C912.11

中国国家版本馆 CIP 数据核字第 20257H4R04 号

课题分离：把别人的问题还给别人

作　　者：任　丽
出 品 人：赵红仕
出版监制：再　冉
责任编辑：管　文

北京联合出版公司出版
（北京市西城区德外大街 83 号楼 9 层　100088）
三河市中晟雅豪印务有限公司印刷　新华书店经销
字数 141 千字　880 毫米 ×1230 毫米　1/32　6.75 印张
2025 年 8 月第 1 版　2025 年 8 月第 1 次印刷
ISBN 978-7-5596-8513-1
定价：59.80 元

版权所有，侵权必究
未经书面许可，不得以任何方式转载、复制、翻印本书部分或全部内容。
本书若有质量问题，请与本公司图书销售中心联系调换。电话：（010）64258472-800

前　言 | preface

你是否曾有过这样的困扰：

明明已经很努力了，为什么总有人对你不满意？

在职场上，你兢兢业业，可领导却总是挑剔；

在家庭中，你努力迎合父母的期望，却依然无法满足他们；

在亲密关系里，你不断付出，试图改变对方，却换不来理想的回应……

你是否曾感觉被这些问题困住，心力交瘁？

其实，我们许多的痛苦都源于边界感的缺失。

在《被讨厌的勇气》一书中，阿德勒心理学理论的践行者、作者之一心理学家岸见一郎，引用了阿德勒的有关"课题分离"

的观点，让这一理论得到了广泛传播。

被称为"自我启发之父"的阿德勒作为个体心理学的创始人，提出了许多深刻的人生哲学，其中"课题分离"这一概念帮助无数人厘清了人与人之间的界限，摆脱了不必要的焦虑，从而获得了真正的自由。

一个人要想获得真正的自由，就需要拥有被讨厌的勇气。阿德勒认为，事件本身并不会带来痛苦，痛苦来源于我们如何看待自己，以及如何理解人际关系中的问题，而课题分离就是帮助我们搞清楚：什么是自己的责任，什么是别人的责任。

斯坦福人生设计实验室的比尔·博内特（Bill Burnett）和戴夫·伊万斯（Dave Evans）提出了"重力问题"这一概念。

他们指出，人生中的问题可以分为两类：一类是像重力一样无法改变的现实，如年龄增长、经济环境、他人的想法；另一类是可以解决的问题，如如何调整自己的目标、如何提升能力。

当我们学会区分这些问题，就能减少无谓的内耗，把精力放在自己真正能改变的事情上，而这正是课题分离的核心。

中国文化崇尚集体主义，强调群体的重要性，或者说群体往往是排在个体之上的。这种文化在现实中往往呈现为人与人之间、人与事之间、观点与事实之间的融合状态。

在现实生活中，这种融合往往会带来边界的模糊，从而导致痛苦无处不在。

在职场上，我们期待领导像家人一样关心自己，结果常常感到失望甚至委屈；在亲子关系中，父母试图替孩子规划人生，孩子被迫活在父母的期待里，失去了自主权；在亲密关系中，我们希望改变对方，让对方满足自己的需求，结果却陷入无休止的纠缠。

更重要的是，我们往往为了迎合他人而牺牲自己的需求，结果一生都活在别人的期待里，为了讨好、迎合、满足别人的需要而努力。

可是，你是否清醒地认识到，你究竟是在为谁而活？

回首一生时，你发现从未真正为自己活过、从未充分地活过，这会不会有一些可悲？一个没有充分活过的人，会非常恐惧死亡，因为此生有太多的遗憾。

为什么我们不能活出自己的人生？

从课题分离的角度来说，一些父母因为没有活出自己的人生，甚至不想为自己的人生负责，就会把自己那些未满足的期待寄托在孩子身上，而孩子会无意识地认同父母对自己的期待，并且把它当成自己的人生目标。结果，孩子在努力打拼之后，慢慢发现自己迷失了人生的方向，出现时下被热议的"躺平""空心病"问题，感到人生没有任何意义。

人的一生都是在不断寻路的过程中获得自由的，但实际上自由与责任是相辅相成的。

我们在面对自己的人生问题，尤其是处在困境中时，会不自觉地把自己的生命责任推给别人，因为解决别人的问题比解决自己的问题看起来要容易得多。所以那些勇于面对自己的问题，对自己的心灵世界进行探索，勇于为自己的人生负责的人，都是勇敢者。

阿德勒提出的课题分离，虽然在内容上看起来非常简单，但它可以指导我们生命当中的方方面面。我们可以用这样的方式去获得清晰的边界，并解决人生当中绝大多数的问题，尤其是在关系中的问题。

课题分离的关键在于认清每个人都应该对自己的选择和人生负责。

父母的期待是父母的课题，你是否遵循是你的课题；领导的评价是他/她的课题，你如何提升自己是你的课题；伴侣的行为是他/她的课题，你是否接受这段关系是你的课题。

厘清了这些边界，你会发现，很多让你痛苦的事并不是你的责任，你无须为其焦虑。

举一个简单的例子：有个朋友找你借钱，你很担心如果不借给他会破坏你们的关系；但如果借给他，你又很担心他不归还。这笔钱对你而言不是一个小数目，而你也在思考这笔钱对他来说是雪中送炭还是杯水车薪。你内心一定会有非常复杂的情感，可能不忍心看到他的着急、无助，同时可能内疚和自责，甚至对自己的道德产生评判。你害怕不帮助别人就不够善良，担心别人会对你有不好的评价。

在这样的情况下，如果我们运用课题分离的原则，就能更清晰地看到：借钱与否是你的课题，而如何使用或偿还这笔钱是对方的课题。只有学会区分责任，才能真正获得内心的自由。

在本书中，我们会针对以下几个方面，利用不同的场景，帮助大家去思考：你是否在这个情境中有类似的困惑？从课题分离的视角来看，问题的症结在哪里？是否有地方被卡住了？是否有地方越界了？是否有地方没有区分好彼此的责任？

明白了这些道理，我们就会带着这样的反思与他人打交道。它会指导我们的行动，而行动会带来反思，从而引发我们的情绪反应。假如我们的头脑接收到的情绪反应是正向的、积极的、支持的，我们的内在就会产生更强有力的动力。我们会发现，之前寻找的这条路，或者我们的指南针所指引的方向，也许就是一条自我成长的正确之路。

当你开始践行课题分离的理论与方法，你会发现人生变得清晰而轻松。你不再为无法控制的事情焦虑，而是专注于自己真正能做的事。更重要的是，你会学会如何在人际关系中保持独立，并能与他人建立更健康的联结。

接下来，让我们一起走进课题分离的世界，找到属于自己的自由与力量。

任丽

2025 年 2 月

目　　录 | contents

第1部分　课题分离与自我意识

1.1　认识自我意识：从心开始的课题分离 // 002

1.2　学会自我关爱：如何用自我满足打破内心困境 // 014

1.3　害怕失败：如何打破恐惧，勇敢行动 // 019

1.4　摆脱他人评价的枷锁：在意别人怎么看怎么办 // 024

第2部分　职场中的课题分离

2.1　职责明确：避免职场中的"责任盲区" // 030

2.2 遇到困难同事不理我：如何突破职场人际困境 // 038

2.3 升职失败：是别人没给机会，还是你没准备好 // 042

2.4 职场冷暴力：被忽视时该如何保护自己 // 051

2.5 频繁离职、遇到难题就想逃避：是环境的问题，还是你想逃避一些课题 // 057

2.6 无法拒绝：学会设置健康的职场界限 // 063

第 3 部分　爱情中的课题分离

3.1 婚姻中的原生家庭纠缠：如何走出父母的阴影 // 070

3.2 "你不懂我，就不爱我"：是你的课题，还是他的课题 // 074

3.3 分手后，我们总是把责任推给对方：真的是他的问题吗 // 080

3.4 爱上不该爱的人：要为此付出一生吗 // 086

3.5 婚姻中的三大话题：钱、性与孩子背后的深层差异和互动模式 // 095

3.6 遭遇背叛：重建信任的第一步 // 102

第 4 部分　亲子关系中的课题分离

4.1　"这是为你好"：如何打破父母情感绑架，走出自己的路 // 116

4.2　不结婚不等于不孝顺：如何摆脱传统观念的束缚 // 125

4.3　"你怎么那么不懂我"：沟通障碍背后的课题分离 // 130

4.4　"谁该来照顾孩子"：父母与长辈的责任界限 // 139

4.5　"学习是孩子的事，还是父母的事"：课题分离中的家庭责任 // 144

4.6　做有界限的父母：保护孩子的成长空间 // 151

第 5 部分　友谊中的课题分离

5.1　为什么我们总是帮别人解决问题，却忽略了自己 // 161

5.2　虚伪友谊与隐性竞争：如何识别和培养真正有意义的关系 // 169

5.3　价值观不合：如何在友情中找到平衡 // 175

5.4　朋友做错了：我该如何处理这段关系 // 179

第 6 部分　建立边界，拥有自在人生

6.1　你是否也有不清晰的边界？识别这些常见表现 // 186

6.2　区分权利与责任，让自己不再为他人的问题买单 // 193

6.3　课题分离：真正拥抱自由的秘诀 // 197

参考文献 // 202

第1部分　课题分离与自我意识

自我意识是我们能够清晰界定自己与他人之间责任的基础，而课题分离的核心就在于学会识别哪些问题属于我们自己，哪些问题属于他人或者外部环境强加给我们的。

只有通过提升自我意识、学会自我关爱、克服对失败的恐惧以及摆脱他人评价的枷锁，我们才能逐渐建立起更加稳固的内心边界，走向更加真实和自由的自我。

首先，我们只有通过自我探索来认识自我、了解自我，才能了解我们是如何与他人进行互动、如何做出选择的。课题分离帮助我们理解哪些情境是属于我们自己的课题、哪些情境是属于他人的，从而让我们能在复杂的社会关系中保持清晰的界限，避免迷失在外部的期待中。

接下来，我们会学习如何通过自我关爱来解决内心的困境。在现代社会中，我们为了追求成功或者得到认可，常常把自我关爱放在最后；然而，只有在满足自己内在需求的基础上，我们才能真正拥有健康的心理状态，从而更好地应对生活中的挑战。

对于很多人来说，害怕失败是一个无法跨越的障碍。课题分离教会我们，失败并非自我价值的体现，而是一种经验的积累。在本部分，我们将讨论如何打破对失败的恐惧，勇敢迈出行动的步伐，真正承担起自己人生的责任。

此外，如何摆脱他人评价的束缚也是我们面临的重要课题。在日常生活中，很多人都在不断地调整自己，以迎合他人的期待，而忽视了内心的声音。通过课题分离，我们可以清晰地识别出哪些评价是他人的课题，哪些是我们该承担的责任，从而解放自己的内心，活得更加自在。

1.1 认识自我意识：从心开始的课题分离

一个冬日的午后，阳光透过窗户洒进咨询室。李娜坐在沙发上，手里捧着一杯自带的咖啡，却始终没有喝。她的目光在四周游移，时不时瞥我一眼，仿佛在等待我先开口。作为一名心理咨询师，我知道此刻她表面的淡定似乎在掩盖内心的波澜。

"怎么了，有什么困扰你的吗？"我开口问。

她叹了口气，告诉我，她的生活几乎被"别人眼中的自己"所支配。无论是职场上的晋升压力，还是父母的期望，她的每个选择似乎都在不断地回应他人的意见和期待。

"你知道吗，老师？我觉得我一直以来都走在被别人设计好的人生轨道上，却完全搞不懂自己到底想要什么。"

听到这句话，我的脑海中闪过了"课题分离"的概念。李娜的困扰恰恰来自没有清晰地界定自己与他人之间的边界。当无法清楚地认识自己在情境中的角色和责任时，我们就很容易把外界的压力当作自己的问题来背负，从而忽视自己真正的需要。

我轻轻点了点头，说："李娜，你提到的困扰其实是很多人都会经历的。其实，我们每个人的一生都是在面对外界的期待和内心的声音之间不断拉锯。你有没有想过，或许你现在的困惑并不是因为外界压力太大，而是你自己还没有找到一条明确的界限，去区分哪些是你自己的课题、哪些是别人期待的课题？"

李娜愣了一下，似乎听懂了，却又不太明白。

"你知道'课题分离'这个概念吗？"我问。

她摇了摇头："不太了解。"

于是，我开始进行简单的解释：

> 课题分离就是我们要学会区分哪些事情是属于自己的责任，哪些是他人应当承担的责任。

这其实是一种让人从外界压力中解放出来的能力。

当你能够清晰地识别自己该做的事和别人该做的事，你的内心就能够获得自由——自由地去做自己真正想做的事，而不是按照别人设定的剧本活着。

"所以，你意思是，我现在的困扰可能是因为我总是把别人的期待当作我自己的责任？"李娜问道，眼里闪烁着一丝光芒。

"对，"我笑了笑，"你需要清晰地认识到自己和他人的区别。你是你，别人是别人。真正的自我意识，正是从这种界定开始的。"

在接下来的咨询中，我们一起深入探讨了课题分离与自我意识的关系，李娜也逐渐意识到，自己面临的真正挑战不是外界的压力，而是如何找到自己的核心，学会把自己的课题从别人那里分离出来。

有时我们也会像李娜一样，生活在别人为我们设定的框架里。我们不断地迎合别人的需求、满足他人的期待，而忽略了自己内心的声音。也许，这种做法从一开始就是为了取悦他人，但随着时间的推移，我们会感觉自己变得越来越陌生，甚至忘记了最初的自己。

这就是为什么自我意识如此重要——它不仅是我们认知自我、理解自我的基础,更是我们能够在生活中做出健康选择的前提。

什么是自我意识?

自我意识是指我们对自己的认知和理解——简单来说,就是:"你知道你是谁吗?你知道你真正想要的是什么吗?你的人生使命是什么?"这些看似是非常宽泛的哲学问题,实际上却涉及我们在复杂的社会和情感网络中如何定义自己。

自我意识不仅包括我们对自己的性格、兴趣和偏好的了解,更深层次的,它还涉及我们如何看待自己的情感、反应模式、价值观和行为动机。

自我意识的形成是一个漫长且复杂的过程,从婴儿期开始,随着年龄的增长和生活经验的积累而不断发展。

心理学家对自我意识的形成提出了不同的理论,以下是其中两个主要的理论观点,它们从不同角度解释了自我意识的起源和发展。

- **社会镜像理论:他人眼中的"我"**

美国社会心理学家查尔斯·霍顿·库利(Charles Horton Cooley)提出了社会镜像理论,他认为,我们对自己身份的认知(自我意识)是通过与他人互动以及他人对我们的反应逐渐形成的。

具体来说，我们在与他人交流时，会通过他们的表情、言语、态度等来感知自己，从而建立自我认知。

在这一过程中，其他人充当了"镜子"的角色——我们通过评价和反应来了解自我。比如，婴儿刚开始并不具备自我意识，通过与父母及周围其他人的互动，逐渐形成"我是一个被爱的人"或"我是一个值得关注的人"的认知。

当婴儿通过目光接触或者身体触碰与周围人互动时，逐渐塑造了自我感知。当父母用爱抚、微笑等积极的反应来回应婴儿时，婴儿会逐渐意识到自己是被接纳和珍视的。反之，如果婴儿接收到更多的冷漠或忽视，这种反射的自我认知可能会给他带来不安或自卑感，让他感觉自己是被拒绝的。

在这个过程中，我们不仅会通过他人的视角了解自己，还会相应地调整自己的行为和情感表达，以获得他人更为积极的反馈。这种自我认知的构建实际上是在不断的社会互动中完成的。

- **自我意识的阶段性发展：从镜像到自我反思**

从发展心理学的角度来看，婴儿到成年的自我意识形成并不是一蹴而就的。瑞士心理学家让·皮亚杰（Jean Piaget）提出了认知发展理论，解释了儿童如何逐渐从自我与他人的界限模糊发展到能够进行自我反思的能力。

（1）感知自我：婴儿期的"我"

婴儿从出生开始，最初的自我意识是非常初级的，属于对自我身体的感知。最初的"我"是以身体感知为基础的，如婴儿知道自己可以通过手脚的运动来影响环境，但他们并没有意识到"自己"是一个独立的存在。

例如，6个月大的婴儿看到镜中的自己，可能会把镜中的"自己"当作另一个人，而非自己。这种情况直到1岁左右才会发生变化，婴儿会逐渐意识到镜中的反射就是"我"，这是自我认知的第一次突破。

（2）自我反思：儿童期的自我意识深化

进入学龄前期，儿童开始能够区分自己与他人之间的界限，渐渐发展出"自我"意识。皮亚杰认为，儿童在这一阶段逐渐能进行简单的自我反思，即他们开始意识到自己和他人的差异，也开始思考他人的看法并在行为上有所调整。比如，4~5岁的儿童开始明白"我"是与父母、同伴不同的个体，开始有自己的想法、需求和情感。

（3）形式操作阶段：青少年期的自我探索

到了青少年时期，青少年进入了皮亚杰所说的"形式操作阶段"，他们具备了高度的抽象思维能力，并开始进行复杂的自我反思。

这一阶段的自我意识变得更加多元，青少年不仅会思考"我是谁",还会深入探讨"我想成为谁"以及"我与他人的关系是怎样的"。他们开始形成个人的身份认同,包括对性格、兴趣、价值观以及社会角色的理解。

这时候,青少年开始问自己更深层次的问题,如:"我的人生目标是什么?""我在群体中的角色是什么?""别人眼中的我和我自己看到的我有什么不同?"对这些问题的探讨标志着青少年的自我意识从对自己身份的基础认知向更高层次的自我探索转变。

在社会镜像理论和皮亚杰的认知发展理论中,我们可以看出,自我意识的形成是一个缓慢的过程,是在社会互动和自我反思的基础上逐渐发展起来的。随着自我意识的发展,我们开始能够辨别哪些问题属于我们自己、哪些问题属于他人,这也正是课题分离的核心所在。

如果自我意识发展得不够清晰,我们可能会不加分辨地全盘吸收外界的反馈,导致无法区分他人的期望和自己真正的需求。

比如,李娜在工作中感受到的焦虑部分来源于她无法明确分清工作责任与外部评价的界限;而她过度依赖他人的评价来确认自己的价值,正是缺乏自我意识的表现。只有通过课题分离,我们才能区分外界的声音与我们内心的声音,从而做出更加符合自我需求的选择。

在这一过程中,课题分离可以帮助我们进行深刻的自我反思：这件事是否属于我？这是我自己的需求吗？只有通过不断练习自我觉察，我们才能够逐渐形成健康的自我意识，而这也是提升个人心理健康、达到自我实现的关键。

为什么课题分离与自我意识的关系如此密切？

课题分离的本质是让我们明确区分哪些是我们能控制、能负责的事情，哪些是他人应该承担的责任。只有这样我们才能更清楚地认识自己，知道什么是自己的课题、什么是他人的课题。

这一切的起点就是我们的自我意识。自我意识能帮助我们看清自己的内心需求，帮助我们认清自己在每一个情境中的责任。

> 在与他人交往时，我们通过自我意识去辨识哪些情感是属于我们的、哪些是别人传递或者强加给我们的，从而不再迷失在他人的期待与评价中。

当我们没有清楚地认识到自己是谁、自己的需求是什么时，我们就很容易将他人的问题当作自己的责任。

自我意识的提升可以帮助我们进行课题分离：把他人的期待放到一边，去关注自己真正的需求，做出符合自己价值观和目标的选择。

我们可以通过下面这个职场中常见的例子来进一步理解自我意识与课题分离的关系。

小杨是一位年轻的项目经理，她工作努力尽责，追求完美，对自己要求非常严苛。她认为，自己的工作压力大、任务繁重，都是因为自己能力不够，才导致领导不满意、同事不理解。她几乎把所有的责任都归结于自己的能力不足。她不敢拒绝领导临时分派的任务，结果常常因为一些项目进度没有跟上而受到责备，这让她在工作中的体验更差了。

当她开始通过课题分离来审视自己的困境时，她发现许多问题根本不是她该负责的。领导分派的很多任务都不属于她的职责范围，有些甚至是领导的责任，她却在不知不觉中承担了这些责任。

这种不自觉地"接手"他人课题的行为，源自她对自己角色的模糊认识和对自我意识的缺乏。她意识到自己太想要得到所有人的肯定，结果让自己非常疲惫，在当下，拒绝才是自己特别需要的能力。当她开始意识到这一点，她才学会了如何在工作中划定界限，如何与领导沟通，提出合理的工作分配要求。

如何提升自我意识，避免迷失自己？

提升自我意识和对自己的了解是一个渐进的过程，需要在日常生活中不断练习与反思。以下几个维度是可以尝试的提升自我意识的途径。

- **学会倾听自己内心的声音**

这并不意味着你要忽视外界的建议和反馈,而是要学会过滤那些不属于你课题的信息,专注于那些真正与你相关的部分。自我意识的提升意味着你能够在复杂与混乱的世界中找到自己的方向,并做出符合自己价值观和需求的决定。

例如,李娜学会了问自己:"这是我的问题吗?我为什么会感到焦虑?如果我把这件事交给别人来承担,我的内心会感到更轻松吗?"通过这样的问题,她逐渐发现了自己真正的情感需求,不再盲目地迎合他人的期待。

- **通过阅读提升认知边界**

阅读不仅是获得知识的手段,还是我们认识自我和理解世界的一扇窗。不同类型的书籍,尤其是哲学、心理学和文学作品,能够帮助我们跳出自己的局限,看到更广阔的世界。

通过阅读,我们可以学习到不同的价值观、思维方式和生活哲学,从而丰富我们的自我认知。

在阅读中,我们也可以通过了解他人的故事看到人生的各种可能性,以及了解在人生的低谷或者重要的人生节点,他们是如何做出选择的,思考自己若处在这样的境况中是否有勇气做出同样的选择。

- **见更大的世界**

小时候我们往往会认为自己是世界的中心,长大后才发现我们所接触的世界是那么有限，我们只是这个世界中极其微小的一分子，这让我们对未知的世界产生了极大的好奇。

见世界最重要的是与人交流，通过与不同职业、性格、语言、文化背景的人交流，我们能够看到人生的多样性以及自己的局限性。学会跳出原有框架、原有世界来重新看待自己，你对自己的认知会上一个台阶。

有句话说得好，没有观世界，哪有世界观。在自我价值观形成的过程中，与更大的世界，包含跨越知识边界进行连接与交流，会给我们的思维带来非常大的震撼。比如，心理与艺术、心理与教育、心理与人工智能、心理与天体物理等的跨界，会让我们看到更加广阔的世界以及万事万物之间的联系。

● **在关系中了解自我**

人是关系的生物，所以了解自我最重要的途径是通过与他人的互动来照见自我。我们在每一段关系中都会扮演不同的角色——在亲密关系中，我们可能是依赖型的，也可能是回避型的；在职场关系中，我们可能是领导型的，也可能是支持型的。

这些行为和情感反应往往透露了我们内心深处的需求与信念系统。

比如，当与人争执时，我们的情绪反应、言语表达甚至沉默，都能反映出我们如何看待自己和他人。通过观察这些模式，我们可以逐渐发现自己在关系中的弱点与优势，自己的情感需求,以及关系模式,等等,从而更清晰地了解自己。

● **情绪模式的反思**

情绪没有好坏之分,它是了解自我的信使。我们的情绪反应往往是潜藏在内心深处的信念、恐惧和欲望的表现。

当我们在日常生活中体验到强烈的情绪,尤其是愤怒、焦虑、害怕等负面情绪时,正是我们深入探索自我意识的机会。当我们感到焦虑时,可能是因为我们对未来的控制感不足,或者是对他人评价的过度担忧。通过自我觉察,我们可以学会停下来反思自己的情绪反应,并逐渐识别它背后的心理动机。这种自我觉察是提升自我意识的核心工具。

自我意识并不是一成不变的,而是动态发展的,随着我们的经历、反思和学习,逐渐变得更加清晰和坚实。

课题分离的核心恰恰是从自我意识的觉醒开始的。只有当我们认识到哪些是自己该做的事,哪些是他人该承担的责任,我们才能够真正地拥有自主的生活,做出符合自己内心真实需求的决定。

如果你也像李娜一样,在生活中感到困惑、迷茫,或者你正陷入"自己想干的事"与"他人期待的事"的拉锯战,那么是时候开始觉察自己内心的声音了。通过提升自我意识,区分自己的课题与他人的课题,你将获得一种内心的自由和力量,这也是通向更轻松、更健康的生活的第一步。

练习：

1. 记录你每天经历的情绪反应。例如，当你和同事沟通时，或者在家庭中，某件事让你感到愤怒、焦虑或开心。每次记录情绪时，问自己以下问题：这种情绪是外部事件引起的，还是我的内心需求没有得到满足？我是否在试图改变别人，以使自己更舒适？

2. 了解自己的需求与别人的期待。针对某一件发生在自己身上的事情，画出一张清单，列出你认为在这件事情上自己"需要"的东西：可以是情感支持、独立时间、社会认同、自由等。然后列出你认为"必须满足他人"的期望或需求是什么，这可能来自家人、朋友或工作中的角色与责任等。

1.2 学会自我关爱：如何用自我满足打破内心困境

我有位朋友是一个典型的"为他人活"的角色。毕业于名牌大学的她，为了家庭和孩子放弃了事业，甘愿在家相夫教子、照顾公婆，她觉得婚姻幸福是她一生最大的追求。然而，当她得知丈夫出轨，最终导致婚姻破裂时，她才意识到自己早已迷失了自我。

失去婚姻后，她试图在工作中找到自我价值，但发现无价值感总是如影随形,她不断渴求别人认可,为家人、为社会的期待而活。直到一次偶然的机会,她在我的推荐下参加了一个自我成长的心理团体,才开始真正学会如何关爱自己——放下不必要的责任,尊重自己的需求,给自己时间与空间去恢复和成长。

这个转折点不仅是她重拾自我价值的开始,还是她开始真正理解自我关爱的关键时刻。很多女性都很自然地在别人眼中扮演着"好人"的角色:为家人、为朋友、为工作、为社会贡献自己的一切,却常常忽视自己的内心需求,最终发现自己如此努力地活着,却无法感受到幸福。

你无法给予自己没有的东西,所以,只有学会自我关爱,才有余力去爱他人、去创造属于自己的人生。

什么是自我关爱?

自我关爱(self-care)是指个体在身心健康、情感需求、精神成长等各方面给予自己的关照与照顾,是对自己内在需求的尊重与满足。它不仅是"享受一场按摩""偶尔去度个假"或者"买个包包"这样简单的行动,而是在于自我关注、自我接纳和自我滋养的结合。

自我关爱的核心理念就是:

> 我们必须先爱自己,才能真正做到对他人负责。

如果我们常常忽视自己的需求，过度承担责任，最终可能会感到精疲力竭，甚至焦虑、抑郁，这时候，我们就很难应对生活中的挑战，也无法真正地关心和帮助他人。

自我关爱要求我们不再以"牺牲自己"的方式换取他人的认同，而是用一种更加理性、温暖、富足的心态去面对自己和外部世界。

有一句话曾经广为流传："爱自己是一切幸福的开始。"这并不是一句空洞的口号，而是一个内在富足的心理状态。

当你开始关注自己的需求、情感和身体健康时，你的生活会变得更加平衡，内心会更加平静，从而能够更加从容地应对外部的压力和挑战。

为什么我们常常忽略自我关爱？

许多人认为自己对家人、朋友、同事的付出是天经地义的，自我关爱则显得有些"自私"。尤其是在传统文化中，很多人都习惯把别人，尤其是家人放在重要的位置，而把自己排在最后，认为照顾别人是自己的责任与义务。

比如，许多母亲会在孩子面前表现出极大的牺牲精神，甚至自己生病、过劳，也不愿打破家庭原有的平衡，不断满足丈夫、孩子的需求。在家庭中，父亲则常常为了家庭的经济来源或者别人眼中的成功而拼命工作，却忽视了自己对精神和情感的需求，这似乎同样是一种牺牲。

然而，当我们一直生活在别人期望的框架里，失去了对自我的关注时，这种"为他人活"的心态往往会导致身体和心灵的双重重压。长期的过度奉献导致的自我忽略可能带来身体健康的危机，如过度疲劳、失眠、情绪波动等，甚至可能导致情感上的抑郁和空虚。

学会自我关爱：让自己富足，才能活得更好

自我关爱不仅是简单的休息或放松，更是一个循序渐进、系统化的过程。要学会自我关爱，我们就需要从心态、习惯和行动上做出改变。以下是几个可以帮助你学会自我关爱的方法。

- **学会接纳自己的不完美**

在《爱的练习：女性自我成长手册》一书中，作者梅根·洛根表示，接纳自己是自我关爱的第一步。我们常常对自己苛刻，觉得自己必须达到某种标准才能得到爱和认可。但真正的自我关爱是学会接纳自己的不完美，无论是外貌、性格、学历、家庭，还是过去的错误。只有接受自己的一切，才能真正理解自己所需要的爱和关怀。

- **设定健康的界限**

自我关爱的另一个关键要素是学会设定健康的界限。我们

不必对每个人、每件事都负责，我们需要学会说"不"，尤其是在别人要求我们付出时。设定界限是为了保护自己的精力和情感，让自己有时间与空间去恢复和保持好的能量状态。

- 与自己和解，停止自我批判

很多人习惯性地用批判的眼光看待自己，总觉得自己不够好，或者做得不够好。自我关爱的核心是停止这种自我批判，学会与自己和解，允许自己在错误中成长，而不是把自己困在完美主义的枷锁里。

- 通过阅读提升自我认知

我觉得自我关爱的另一个途径是提升自我认知，这也是我多年来一直践行并且卓有成效的方法。通过阅读书籍、学习新知识，我们可以更好地理解自己、理解他人，开阔视野，帮助我们从更高的角度看待生活中的挑战与困境。阅读不仅能提升我们的认知水平，更能帮助我们发现潜藏在内心深处的需求与渴望，从而找到自我关爱的契机。

- 与他人建立深度关系

自我关爱不仅是内心的滋养，还需要通过与他人的互动来实现。通过与他人建立健康的关系，我们可以更好地理解自己的反应模式、情绪模式以及对关系的需求。这种互助性的、共情性的互动，不仅能帮助我们更好地理解自己，还能让我们感受到支持、理解、尊重，在人生旅途中找到同行者。

● 定期做心灵 SPA 与休息

学会定期休息，做些简单的冥想、练习瑜伽，或者参加心灵成长的课程，都是促进自我关爱的有效方式。要给自己时间去放松、恢复和充电，而不是不断工作或承担更多不属于你的责任。身体的疲惫会影响心灵的平衡，适时的休息是关爱自己的表现。

当我们真正意识到自己的需求，学会接纳自己的不完美，设定健康的界限，停止自我批判，提升自我认知，并与他人建立健康的关系时，我们才能真正拥有内在的富足，活出最真实的自己。只有这样，我们才有能力去应对生活的挑战，去承担责任，也才能为他人带来更多的爱与支持。

练习：

今天，你为自己做了什么？是不是给自己腾出了时间来休息，或者做了一些让自己开心的事？记住，只有关爱自己，才能更好地关爱他人。

1.3　害怕失败：如何打破恐惧，勇敢行动

小林是一个成绩优异的学生，从小到大，他一直是老师眼中的"好学生"，是父母眼中的"骄傲"。每一场考试，他都努

力准备，尽可能获得一个令人满意的分数。

高考前夕，小林看起来已经将所有的准备工作做到了极致。但奇怪的是，在高考那天，他突然感到头晕、浑身无力，大脑也一片空白。最终，他没能坚持去考场，错过了人生中最重要的这场考试，成为他人生中的遗憾。

事后，小林告诉自己，他害怕的不是考试的难度，而是自己一直背负的沉重压力：他不仅仅是为了自己考个好成绩，更是为了父母的期望、家族的荣耀，甚至整个村子的面子。

很多人都可能像小林一样，面对即将来临的挑战，内心充满恐惧。在小林的故事中，恐惧源自他对外界期望的过度关注，这种外部压力让他感到如果自己在考试中失败便意味着自己"人生的失败"。这种心理状态正是大多数人害怕失败的根源。

为什么我们会如此害怕失败?

害怕失败背后隐藏着深深的自我怀疑和对自我价值的恐惧。美国心理学家、实用主义哲学家约翰·杜威（John Dewey）曾经提到，人的行为常常受到外部环境的驱动，特别是在面临社会评价时，我们会不自觉地感到强烈的压力，这压力往往来自我们对自己身份和价值的认同需求。

一个人的自我价值感常常与外部的成功和他人的评价挂

钩，这使得他们对失败的恐惧变得更加强烈。当失败被视为对个人身份和自我价值的威胁时，害怕失败的情绪就会变得难以承受。很多时候，失败不单是一个结果问题，还是对自我认知的一次深刻冲击。

这个过程在心理学上可用"社会比较理论"（Social Comparison Theory）来解释。人们通过与他人进行比较来评估自己的成功和失败，当这种比较导致个体的自尊心受到威胁时，失败的恐惧便产生了。

尤其是在一个竞争激烈的社会中，成功被视为一种社会认可的标志，人们往往把成功与个人的价值画等号：成功意味着被肯定、被认可，失败则意味着个人价值的崩塌，意味着"我不够好""我不值得被爱"，这种价值观的背后隐藏着深深的社会压力以及对"外界评价"的依赖，这种依赖往往加重了我们对失败的恐惧。

举个例子，一个长期处于高压环境中的年轻人，每次表现不好，就会觉得自己"毫无价值"。他可能会花费大量时间去迎合社会对他的期望，却忽视了自己的真正需求。他的焦虑和不安并不是因为没有达到目标，而是因为他内心认为自己只有获得外界的认可才能证明自己的存在和价值。

成功不仅是为了证明自己，更重要的是要去探索和体验。你并不是为了他人而活，你的价值来源于你对自己的接纳与理解，而不是他人眼中的评价。你值得追求你真正想要的生活，而不是终其一生来打造别人眼中的"成功人设"。

如何面对失败、打破恐惧？

● 重新定义失败

失败并不是结束，而是一个过程，它并不代表你就是"失败者"。

在《斯坦福大学人生设计课》中，有一个非常有趣且实用的概念，那就是"对失败免疫"。在设计思维的框架中，并没有"失败"一说，只有"实验"。

每一次尝试，无论结果如何，都是一种经验。我们不需要对结果产生过度的焦虑，因为每一次结果都为我们提供了更多的学习和成长的机会。

具体来说，设计思维的核心之一就是**快速原型设计**。你可以把人生当作一个大实验，试错、调整、优化，而不是把每一个决定都视作一次"生死攸关"的考验。

比如，你打算创业，第一步不是"做出完美的计划"，而是"快速行动"，先推出一个小范围的产品或服务，然后根据反馈进行调整。这种"先行动，再调整"的模式可以帮助我们减少对失败的恐惧，因为无论结果如何，你都已经得到了宝贵的经验。

就像小林的情况，如果他能看到高考不过是人生中的一次"实验"，那么，他就能减少对失败的恐惧，并且勇敢去面对挑战。即便没能考上理想的大学，他依然可以从这一次独一无二的人生体验中学习，知道自己哪些地方做得不够好，并且为未来做出调整。

- **设定可达成的目标**

设定小而可行的目标，而不是一开始就给自己设定过高的目标。通过一次次的小成功逐渐建立自己的信心，避免一开始就因为失败而陷入困境。

- **培养自我价值感**

将自己从对外界认可的依赖中解放出来，学会真正的自我认同。成功并不是证明自己，而是追求内心的满足与成长。

- **放松和接受不完美**

每个人都会犯错，不必对自己太苛刻。我们要学会原谅自己，接受自己的不完美，并以此为契机，成长为更好的自己。

练习：

1. 列出你害怕失败的事情，然后问自己："如果这个失败真的发生了，会发生什么？我能从中学到什么？"

2. 为自己设定一个小目标，今天就开始尝试，即使失败了也不要气馁，努力从失败中找到下一步行动的线索。

记住，每一次失败都是一次有价值的体验，不要害怕犯错，它们是你通向成功的桥梁。

1.4　摆脱他人评价的枷锁：在意别人怎么看怎么办

小娴是一位快 40 岁的女性，她举止优雅、衣着得体，给人一种非常精致的感觉。无论走到哪里，她似乎总能吸引别人的目光，成为人群中的焦点——这不是因为她的魅力，而是因为她的"无可挑剔"。在外人眼里，她是那种完美无缺的女性：个子高挑，穿衣品位高雅，事业有成，家庭和睦，总是能轻松应对各种挑战。

但如果你仔细观察，就会发现她身上某些不为人知的迹象。她的背部总是僵硬着，似乎时刻处于一种紧张的状态。每当你跟她待在一起，就会不自觉地感到一种无形的压力。她每天的日程几乎都安排得满满当当，工作、家庭、社交，每一件事情她都要求自己做到极致，丝毫不允许自己放松或失败。看着这么自律的一个人，心里除了羡慕之外，作为朋友，我也隐隐有些心疼。

有一次，我和她聊起了她的内心世界，她对我说："我每天都在担心自己做得不够好，害怕别人会觉得我不够完美，哪怕是一点瑕疵。"听到这些话，我才意识到她的完美背后其实隐藏着巨大的压力。她甚至告诉我，晚上睡觉时她经常做梦，梦到自己被别人评头论足，批评自己做得不好，仿佛她的生活就是在不断地迎合别人的评价。

她是家中最替父母着想的大女儿，总是将别人放在第一位，为了让家人安心，她几乎不敢为自己考虑。她总觉得，如果她不去照顾家人，家人就会失望，社会就会看不起她。因此，她每天都在严格的自我要求中度过，不敢松懈。可是，当你看到她精心修饰的面容背后满是疲惫，以及她越来越紧绷的肩膀时，你就会明白，这样的生活背后已经不是优雅与自信了，而是无尽的内耗与自我压迫。

活得如此累，究竟是为了什么？是为了别人怎么看自己吗？是为了所谓的"完美"形象吗？

如果你跟她一样，也总是为了迎合他人的眼光而活着，那么你一定明白这种纠结与内耗的滋味。当你试着问自己："做这件事是因为我喜欢，还是因为别人的眼光？"你可能会发现，很多时候自己的选择根本没考虑自己的内心需求，而是为了不让别人觉得你"不够好"。

在意他人评价的心理机制

小娴的困境并不是个例，许多人在人生的不同阶段都可能面临类似的情感困扰。我们的内心深处往往充满了来自家庭、社会、文化等各方面的"评价压力"。这背后的心理机制通常与我们的原生家庭以及对自我认同的需求密切相关。

从发展心理学的角度来看，人在早期的家庭关系中会形成对外界评价的高度敏感性。如果一个孩子从小就处于父母高标准的要求之下，尤其是在父母不善于表达无条件的爱与接纳时，孩子往往会通过迎合父母的期望来获得他们的认同和爱。

随着年龄的增长，这种"为他人而活"的模式会逐渐被内化成一种自我认同的方式。换句话说，个体的价值感和自尊感并不是从内心开始建立的，而是依赖于外界的评价：我做好了，别人就会夸奖我，我就会觉得自己的存在有意义。

这种心理模式很容易导致个体过度依赖他人的评价来验证自己的价值。特别是对于那些在家庭中被要求扮演"完美"的角色的人来说，他们从小就学会并接纳了"取悦他人"是获得认同的唯一方式。

这种心理的后果就是成年后的他们会异常敏感于他人的评价，甚至会把所有的精力都投入到迎合他人、追求"完美"的过程中，而忽视了自己内心的真实需求和感受。

比如小娴，她从小就是家里最懂事的孩子，总是把父母的需求和期望放在第一位，习惯了去照顾别人，习惯了将自己完全压抑在完美的外壳下。她的价值观已经完全围绕着"外部评价"展开,她会通过自己无可挑剔的外表和行为去获得别人的认可与赞赏,但她忽略了这样的行为并没有真正给她的内心带来安宁。

如何摆脱他人评价的枷锁?

要走出这个"评价迷宫",我们首先就要认识到自我认同的根本应该是内在的,而非来自外部。只有开始接纳自己的不完美,放下对他人评价的过度依赖,你才会真正拥有自由和轻松的生活。

- **从内心接纳自己**

我们首先要学会接纳自己的不完美,而不是为了迎合外界的期待而压抑自己。你并不需要去做别人眼中"完美的人",而是要成为最真实的自己。只有在接纳自己的缺点和不足之后,我们才能拥有真正的自由和自信。

- **放下"为别人而活"的心态**

很多人把自己的价值寄托在他人的评价上,总是担心自己不符合他人的期望。要摆脱这种心态,就需要明白自己活得好坏、是否幸福并不取决于外界的评价,而是来自自己的感受。如果你为了迎合他人的标准而不断改变自己,你就会失去真正的自我,感到空虚和疲惫。生活的目标是为自己而活,而不是让别人"打分"。

- **减少社交媒体带来的压力**

现代社会的社交媒体让我们越来越容易陷入外部评价的旋涡。我们习惯了通过点赞、评论来获得他人的关注和认同，但这也让我们变得越来越焦虑。我们应试着减少对社交媒体的依赖，避免过度关注别人对自己的看法，我们并不需要通过他人来证明自己的价值。

- **勇敢做自己，设定个人标准**

每个人都有自己独特的价值观和标准，我们应学习如何设定属于自己的标准，而不是按照他人的标准来衡量自己。你可以在生活中设定一些小目标和规则，来提醒自己做事的出发点应当是内心的需求，而非迎合他人。

练习：

1. 列出你为他人做的三件事，思考这些事情如果没有他人的评价，你是否还愿意去做？

2. 做一个小小的尝试，今天做一件事，完全按照自己的想法去做，而不是去考虑他人会怎么想。

3. 每天给自己一句肯定的话，如："我接纳自己的不完美，我做到了最好的自己。"

从今天开始，放下对他人评价的过度依赖，让自己真正活得轻松而自由。

第 2 部分　职场中的课题分离

在职场中，我们每天都在面临各种各样的挑战与决策。无论是与同事的互动、领导的期望，还是自身的职业发展，每一件事都与我们如何理解自己、如何处理与他人的关系息息相关。职场并非仅仅是一个完成任务的地方，更是一个需要不断平衡个人职责与外界期望、理解自己与他人之间关系的复杂场域。

这一部分，我们将探讨如何通过课题分离来化解职场中的困境，提升自我意识，改善与他人之间的互动，最终实现个人和职业的双重成长。

在职场中，很多问题之所以难以解决，往往是因为我们没有分清楚哪些是我们的课题，哪些是他人的课题。只有学会在角色的界限中找到自己的位置，才能避免无谓的压力、冲突和内耗，从而更有效地实现自我价值。

接下来，我们将通过六个核心主题，分别探讨如何在职场中划清责任边界，如何处理人际关系中的困惑，如何面对升职被拒、职场冷暴力等挑战，并学会在复杂的职场环境中设置合适的界限。每一个主题都将为你提供具体的思路和解决方案，帮助你从课题分离的角度看到更清晰的职场蓝图。

在这些主题中，我们将引导你认识到职场中的每一个困境都有一个背后的课题需要分离与解决。它可能是你的责任感过强，可能是你对他人评价过度依赖，可能是你对工作与生活的界限不清。

通过明确这些"课题"，你将能够更好地理解自己、理解他人，并在这个充满挑战和竞争的环境中走得更稳、更远。

2.1 职责明确：避免职场中的"责任盲区"

在职场中，职责不清往往会带来巨大的内耗和困扰。我们会感到身心疲惫，但又不知道问题到底出在哪里。更糟糕的是，当你无意中陷入这种模糊的责任状态时，不仅工作效率低下，甚至会引发不必要的冲突与情绪消耗。

我记得有一个来访者小廖（化名），她的故事深深触动了我，也让我对职场中的"责任盲区"有了更深的理解。小廖是一个典型的职场拼搏者，她在一家互联网公司担任中层管理，工作要求高，任务繁重，她的责任感和工作中的拼劲让她一直获得领导的认可。

问题出现在她没有意识到自己陷入了一个"责任盲区"。

小廖每天都是单位最后一个走的，常常加班到深夜。她觉得自己在做很多工作：部门的工作、主管交代的工作，甚至跨部门的任务也都落到了她身上。

起初，她觉得自己是"万能的"，无论什么工作都能完成，但时间久了，她发现自己好像变成了一个"背锅侠"。无论是同事的工作进度拖延，还是领导的期望未能及时达成，受指责的都是她。

"怎么这么简单的事情要做这么久？""你是我们部门的骨干，怎么一点儿也不懂得分配任务？"她心里充满了不解和委屈。最让她气愤的是，虽然她拼命加班，绩效考核居然被评了一个倒数第一。她的努力换来的却是无法理解的批评和"背锅"，这种失落让她深感痛苦与迷茫。

她的主要问题其实就来自职责上的模糊。在一个高度协作的职场中，责任往往不断传递和交叉，特别是像她这种性格较为温和、缺乏拒绝能力的人，很容易承接过多的责任；然而，职责的模糊导致了她在许多任务中迷失方向，逐渐感到自己处在一个无形的旋涡中，努力付出却难以获得相应的回报。

在我们讨论这个问题时，我向她解释了一个非常重要的观念——"责任盲区"。

> 职场上的责任不清，不仅是外部的角色划分不明确，更多的是内在的认知不清和习惯性"照顾他人"导致的责任负担。

许多职场困境源自我们没有意识到自己的"边界"，也没有有效地与他人沟通清楚各自的分工。你看到的"工作堆积如山"，往往是你不小心承担了别人该承担的责任，最终却发现自己陷入了"责任盲区"。

为什么会有责任不清的状态?

我们每个人从小到大的成长经历都会在无形中塑造我们对责任的认知。比如，小廖的成长经历就是典型的"替他人着想"。

从小，她就是那个总是"为别人着想"的孩子，家里有很多事情都是她帮着做的，甚至父母的负担也压在她身上。父母常常对她说："你要多替家里着想，做人要有责任感。"这种"责任感"的教育潜移默化地塑造了她的个性：总是把别人的需求摆在前面，却忽视了自己的需求。直到她进入职场，才发现这个"为他人着想"的模式变得越来越沉重，最终影响到了她的身心健康和工作效率。

在职场上，很多人，尤其是性格温和、内心善良的人，容易掉入"责任盲区"。他们担心被他人批评，担心没有完成工作会被认为不负责任，因此总是默默承担很多额外的任务；然而，背负这样的责任往往会让自己疲惫不堪，甚至精力透支，影响整个团队的工作效率。

责任不清不仅是工作职责划分不明确，还涉及心理上的"责任错位"。许多人会在无意识中承担起不属于自己的责任，这种心理状态源自对"完美"的追求，或者对他人期望的过度迎合。他们常常不敢拒绝他人的请求，担心因此失去认可或被视为"不够好"，长此以往就会影响到个人的工作效率和身心健康。

如何面对职责不清的职场困境？

在职场中，责任不清往往会带来很多困惑与焦虑，特别是当你把过多责任压在自己身上时，容易产生身体和心理上的双重负担。面对这种困境，我们不妨从以下几个方面进行调整。

● **学会明确分工与沟通**

"没有人能为你的人生负责，除了你自己。"这句话虽简单，却蕴含了深刻的智慧。

在职场中，我们每个人都有自己的职责范围，明确职责范围是避免责任混乱的第一步。我们常说，"责任清晰，工作效率高"。

回到小廖的例子，她常常觉得自己是"万金油"，什么工作都能做，但是这也让她陷入了混乱的境地。她的工作逐渐变成了"杂务堆积场"，而当责任没有明确时，无论她多么努力，做的总是"别人的事"。

她开始有意识地和同事进行沟通，并明确分工，发现不仅提高了工作效率，自己也不再那么迷茫了。比如，她和跨部门的同事一起明确了每个人的职责，避免了任务重复分配，也减少了内耗。

所以当你接到领导的任务时，不妨问清楚这项工作是否需要你独立完成，是否涉及其他部门，是否能分配给别人做。沟通清楚后，大家在协作中才能高效前行，避免"责任盲区"。

● **学会拒绝**

拒绝，并不是让你做一个冷漠、不合作的人，而是为了守护你的时间和能量。"人要学会拒绝，而不是让自己活在别人眼里。"这是许多职场人忽视的心态。

小廖逐渐学会了拒绝别人对她的无理要求。她意识到自己的精力有限，不能做一切事情。她开始对那些不属于自己职责范围的请求果断地说不，并坦诚解释，"这个任务我目前没办法兼顾，如果需要帮助，请提前与我沟通"。她这样做后，不仅自己变得轻松了，而且其他同事开始尊重她的时间与精力，工作氛围也变得更加和谐了。

这个转变源自她对自己的边界有了更加清晰的认知，也让她意识到，面对不属于自己职责范围的任务时，表达出自己的立场并非是一种拒绝，而是对自己的工作负责。

想象一下，你接到一个跨部门的紧急请求，要求你今晚完成一份报告，但这份工作与本职工作关系不大且需要你额外花费时间。你可以这样回应："我很愿意帮忙，但这个任务不在我目前的工作范围内，如果您认为它有必要由我完成，我可以帮助您安排下次的进度。"

拒绝是对自己时间的投资。你只有学会拒绝，才能在有限的时间里完成最重要的工作，将更多的精力投入到对自己成长有意义的工作中，而不是为他人买单。

● **重塑心态**

你是否曾经在工作中遇到过一些"额外"的任务，原本这些任务不在你的职责范围内，但它们让你感到困扰？

其实，我们可以换一个角度来看待这些任务，它们可能并非负担，而是一次"成长的机会"。每一项看似无意义的工作可能都是人生的实验。

例如，小廖在公司接到过很多超出她职责范围的任务，对此，最初她感到很沮丧，但后来她调整心态，对这件事的认识从"我得做这些不属于我的工作"变成了"这是一次职场实验，是一个提升自己的机会"。她意识到，虽然这不是自己分内的工作，但它们能帮助自己学习新技能，扩大工作范围，也能让自己的职业技能更加全面。

这种心态上的改变会让你在做事时的体验完全不同，你会更多地留意自己学到了什么，而不是陷入"不公平"的愤怒旋涡。

比如，你被要求主持一个部门之间的协调会，虽然这项工作并不属于你的工作范畴，但能让你学到很多跨部门沟通的技巧。如果你能够用"实验"的心态去看待它，你可能就会发现这项工作对你未来的职业发展至关重要。

- **与上级和同事达成共识**

在多部门协作的职场环境中，责任不清的情况经常出现。当职责划分不明确时，与上级和同事达成共识非常关键。明确的责任划分可以让团队协作事半功倍。这不仅能避免工作中的误解，还能让你在自己的岗位上专注于更有价值的事情。

小廖曾经也遇到过类似的困境，部门间的沟通不畅导致责任交叉，最后她成了部门之间相互推诿的"牺牲品"。后来她与上级沟通，同时与大家一起讨论，进行了明确的责任划分，制定了清晰的工作流程避免了互相推诿的情况。

这种明确的责任划分不仅有助于让大家的工作更加高效，还有助于每个人都能专注于自己的核心任务。假如你在一个项目中负责技术部分，但项目经理要求你负责资料整理与协调工作，工作内容发生了交叉，这时你需要主动与项目经理沟通，清楚地表达自己在项目中的责任范围，争取更多的时间专注于自己的专长领域。

这种沟通能避免职场中互相推诿的情况，也能让自己清楚地知道哪些是需要负责的事情，哪些是可以放手的工作。

练习：

1. 任务清单回顾：列出你过去一周的所有工作任务，看看哪些是属于你职责范围的，哪些是你"额外"承担的。对于额外任务，反思是否值得你去做？有没有办法拒绝？

2. 沟通练习：你和同事、上级的沟通是否有模糊责任的情况？下次遇到类似情况，如何通过沟通明确责任？

3. 实验心态：你曾经觉得哪些是"额外"工作，但后来发现它们对你的职业成长有很大帮助？如果下次再遇到类似情况，你是否能够以"实验"的心态去面对？

通过这些练习，你可以逐渐认识到自己在职场中的责任盲区，帮助自己更清晰地界定哪些是属于自己的工作，哪些是可以适当地让别人承担的任务，从而减轻不必要的职场压力。

2.2　遇到困难同事不理我：如何突破职场人际困境

大学毕业后，小李带着满满的期待和几分紧张加入了一家互联网大公司。第一天，她穿着精心挑选的职业装走进这座现代化的办公楼，内心激动不已。她曾听人说，这家公司有卓越的团队氛围，大家为了追求更高目标而努力工作。

但现实与她想象的相去甚远。中午，其他同事都三五成群地去了餐厅，她站在办公室里，心里不知道是焦虑还是尴尬。她拿出手机，看了看群聊，没人邀请她一起去吃饭。她试图主动去询问一些工作上的细节，得到的回复也冷漠而简短："这不归我管。"她深吸一口气，强压下心里的不安，继续自己的工作，但心里的孤单感越加浓烈。

几个工作日后，她发现公司没有为她安排正式的入职培训。对企业文化、工作流程、团队结构，她完全是"摸着石头过河"。每当她提出一些疑问，同事们总是显得有些不耐烦，甚至不屑一顾。她越是请求帮助，心里越是生出一种被忽视的感觉，似乎自己是一个"空气人"，所有的努力都得不到回应。

"这家公司真的是我想要工作的地方吗？"小李心里默默问自己。每一次的求助都像是向空中喊话，回声寥寥。她甚至开始怀疑，是自己能力不够，无法融入这个团队，还是自己的存在根本就是多余的？

职场中的人际关系困境

在职场中,这种困境并非仅小李一个人会面临的问题。许多人刚刚加入一个新环境时都会有一种"被忽视"的感受。你急需帮助,却发现同事们的态度冷漠无情。这不仅仅是一种外在的行为反应,更是职场人际关系中潜藏的心理机制。

> 根据社会交换理论的观点,人际关系的互动本质上是一种互惠行为:你帮我,我帮你。

在这种情况下,当小李想向同事寻求帮助时,她希望得到回应和支持,但她发现,同事们似乎不愿意与她建立这种互惠关系。没有建立信任和相互依赖的基础,人际互动就会显得冷漠和疏离;而且,在刚开始时没有得到别人预期的帮助,会很容易陷入"被边缘化"的困境。

此外,社会认同理论也能解释小李的处境。根据这一理论,人们通常会根据自己在群体中的位置和他人的认同度来评估自己。在一个新团队中,你如果没有迅速被团队成员接纳,或者没有迅速展示出自己的价值,就很容易陷入不被认同和被孤立的状态。这种没有归属感的情绪很容易让你觉得自己在职场中不被需要,甚至会产生"我是多余的"这类想法。

如何突破困境?

那么,面对这种冷漠和排斥,我们该如何突破困境,融入这个集体呢?

● 主动沟通，展示诚意

在职场中，每个人都有自己的不安与迷茫，尤其是在新的环境中。主动去建立联系和沟通往往是打破隔阂的第一步。你如果在向同事寻求帮助时能够真诚地表达自己的困境和需要帮助的原因，通常会得到较为积极的回应。"你们已经工作得这么熟练了，我还在摸索中，能不能指点一二？"这样的话语比单纯的求助更有温度，也能展示出你尊重他们的经验和时间。

曾经有一个新毕业的大学生跟我分享：作为新员工，他在遇到团队内的冷漠时没有自卑或者气馁，而是选择在每一次求助时都加入一些个人的分享，给同事们带去一些生活中的小故事。他还主动邀请同事一起吃午餐，逐渐消除了彼此的隔阂。通过这样的小互动，大家慢慢意识到他是一个容易相处、愿意融入集体的伙伴，最终成功打破了最初的孤立状态。

● 了解职场"暗规则"，适应企业文化

每个公司都有自己的"规则"，这些规则可能是明面上的流程，也可能是潜移默化的文化。在刚刚进入一个新团队时，如果没有系统的培训，了解这些"暗规则"，甚至非正式渠道的信息尤为重要。你可以通过观察同事之间的互动，了解公司文化是怎样的，尽可能地让自己适应并融入其中。

比如，有一些公司非常注重团队协作与透明沟通，而另一些公司更注重个人能力的展示。在不同的文化背景下，你如果能快速适应并理解这些"暗规则",就能更轻松地融入团队。你可以观察一下同事们在群聊中的互动风格,或者在非正式场合中加入讨论,逐步了解公司的工作模式。每一位职场新人都需要做一个有心人,用自己的实践去读懂公司这本大书。

● **增强自我效能感,展示价值**

很多时候,职场中的孤立感来源于自己没有得到预期的回报或者认可。你可能会觉得自己的努力得不到他人的关注,但这往往是因为你没有给自己足够的机会展示价值。

在这种情况下,你可以通过自己的专业能力来赢得他人的尊重,主动承担一些挑战性任务,并在执行过程中展示自己的能力和责任心,逐步建立自己的职场形象。

● **设定合理的期望与边界**

过高的期望和不切实际的要求常常会导致焦虑与失落。你需要学会调整自己对职场关系的期望值。每一段职场关系的建立都需要时间,过于急功近利地追求他人的接纳可能会适得其反。

学会理解团队内的每个人都有自己的节奏和优先级,你的融入过程自然也需要按照这个节奏来。

● **从小事做起,建立信任**

在职场中,人际关系往往是通过一点一滴的细节积累起来的。从主动问候、参与团队活动到在工作中给予他人支持,每一个小举动都会成为建立信任的基础。当你通过这些细节展示出自己的善意时，同事们也更愿意与你建立联系。

当你付出了真诚的关怀和帮助，别人自然也会在你需要时给予回报。慢慢地，你会发现，不仅工作中的协作变得更加顺畅，团队的氛围也变得更加融洽。

练习：

1. 在接下来的一个星期里，主动与至少三位不同的同事建立联系，可以从日常的工作问题开始，尽量避免将对话集中在"自己有多困难"上，而是多展示自己的学习态度和合作精神。

2. 思考自己在职场中的期望值是否过高或过低、是否有时候因过度期待他人帮助而产生失落感，并学会适时调整自己的情感期望，让自己更加从容地面对职场关系中的波动。

3. 回顾一下过去的职场经历，是否曾因沟通不足或者没有及时求助而错失机会？下次遇到类似情况时，如何能更加主动、诚恳地表达自己的需求并寻求帮助？

2.3 升职失败：是别人没给机会，还是你没准备好

小赵坐在我的咨询室里，低着头，眼神空洞。她的情绪几乎都写在脸上，愤怒、失望、迷茫。她刚刚得知，这次的升职

名单里依旧没有她的名字。

她已经等了三年，心里原本还抱着些许希望："第一年没升职，是因为自己缺乏项目经验；第二年，可能是自己表现还不够亮眼；第三年，怎么也该轮到我了吧？"可是这一次，她又失望了。

她的愤怒不仅仅是因为没升职，更是因为自己感觉被"欺骗"了。每一次与领导沟通，领导总是给她画大饼，说得好听："你是公司未来的栋梁，等你做好这个项目，升职就是顺理成章的事。"但这话听多了，就觉得越发空洞，仿佛是一种精神上的鞭策，却从未变为现实。她的心情也逐渐从期待转为失望，最后变成了愤怒和焦虑。

"我觉得他们根本不看重我。"她的声音有些颤抖，"我无论怎么做好像都得不到认可，我不想再待在这个地方了。"小赵又看了看我，眼中充满了疑问，"我是不是只有换个公司，才会有更好的机会呢？"

在很多人眼中，升职的机会与能力直接挂钩，但如果我们站在课题分离的角度来审视这个问题就会发现，升职的结果并非单纯取决于个人的努力和能力，它与外部因素、公司文化、领导的决策等密切相关，这些我们并不能完全掌控。

外部因素：升职的"场景因素"

在小赵的案例中，很多因素并非她能控制的。例如，公司的升职机会本身就有限，可能公司已经设定了严格的升职条件，或者职位空缺本身就不多。

对于升职人选，她的领导也许已经做出了决定，而这个决定并不一定完全基于个人表现，有可能更多的是基于某些外部因素，如公司战略的调整、团队结构的变化，甚至是领导本人的偏好。此时，小赵把所有的责任归咎于自己，反而忽视了这些外部因素的影响。

"升职不是能力的问题，有时只是时间和机会的问题。"我对她说。每一个职位的空缺，背后都有复杂的组织结构和人事安排，这些外部因素的影响往往不易察觉，甚至在职场中很少被谈论。很多人总是把失败归因于自己能力不够，自己做得不够好，但往往忽视了外部的环境因素。

当然，现实中很多人往往会陷入外归因的困境。他们会说："是领导偏心，是公司不公平，是上司看不到我的努力。"这种外归因看似为自己提供了一个可以解释失败的理由，但它也意味着你无能为力，不能改变自己的处境。

因此，我们要学会认识到外部因素的影响，但不要把责任都推给外部环境。因为只有从内部去调整自己，我们才能真正做出改变。

内部因素：如何提升自己的竞争力？

仅仅看到外部因素并不足以解决问题。正如小赵所感受到的，她的内心也在不断自我怀疑："我不够好，能力不够强，所以才得不到机会。"这种内归因的倾向常常让人陷入焦虑和自责，进而阻碍自我成长。

作为一个职场人，除了要对外部环境保持敏感，还需要具备自我反思的能力，真正了解自己在工作中的优势与不足，找到提升自己竞争力的路径。

回顾小赵的工作表现，虽然她表现出色，但她是否充分展示了自己的能力呢？她的努力是否与公司的发展方向和领导的期望相契合呢？在职场中，很多时候不仅是"做了很多事"就能升职，而是要把自己的工作与公司目标对齐。

> 在自己做得不错的同时，我们还要反思是否缺少了"战略性"思维、是否有时候把自己的努力过于局限于"做事"本身而忽视了"做对事"的重要性。

此外，自我提升的关键在于我们能否主动地寻找新的学习机会，拓宽自己的能力边界。这不仅是为了增加升职的机会，更是为了提升自己的综合能力，使自己在任何环境下都能获得成长。

如何面对升职被拒绝？

升职被拒绝，对于很多职场人来说，无疑是一种沉重打击。它可能让你感到失望、愤怒，甚至怀疑自己的能力；然而，这并不意味着你的努力被否定，而是一次重要的反馈，它可以帮助我们看清楚自己与公司目标的差距。

面对升职被拒绝，我们该如何调整心态、改进方法，从中获得成长呢？下面是一些实用的建议，我们可以结合小赵的故事来更具体地理解。

● 调整心态，接受反馈

小赵在得知自己再次升职失败后，情绪沮丧至极。她的内心充满了愤怒和不甘，认为领导对自己不公平。

但我告诉她，拒绝并不意味着你不够优秀，而是可能公司当前的需求与你的优势还不完全匹配。这个反馈并非否定你，而是给了你一个机会，让你审视自己的表现和公司对你的期待是否存在差距。

比如，可能你在工作中承担了大量的任务，但这些任务并没有真正提升你在公司中的战略地位。你或许很能"做事"，但没有在项目中展现出领导力和远见。在很多情况下，升职不仅仅看你做了多少事，更看你是否能将自己与公司的目标对齐、是否能给公司带来更大的价值。如果公司当前急需的是项目管理或战略思维的能力，而你还停留在执行层面，可能就很难获得升职机会。

所以,面对拒绝时,我们不要太快自责,要冷静地接受领导的反馈,并反思自己是否有需要提升的地方。

- **设定清晰的目标,明确职业路径**

有些人常常因为没有明确的职业规划而迷失方向,像小赵一样,尽管工作表现出色,但她并未与领导沟通清楚自己的职业目标,也没有清楚地了解自己在公司中的发展路径。她过于依赖领导的"画大饼"式承诺,导致自己陷入等待,却没有主动做出改进。

我建议她与领导进行一次深度的职业规划对话,了解自己在公司中的角色定位,明确短期与长期的目标。设定明确的目标有助于我们更有针对性地发展自己的技能和拓展人脉,而不仅仅是在方向不清晰的情况下盲目努力。你要知道,职场上很多人会因"没准备好"而错失升职机会。没有规划、没有目标的努力,最终很可能会迷失自己。

举个例子。假如你在某个项目中负责执行任务,但并没有展示出领导能力和决策能力。如果清楚自己的目标是往管理层发展,你就需要主动去领导小团队,提出战略性的思考,而不仅仅是按部就班地完成工作。只有了解了自己的方向,才能确保每一步都走得更加坚定。

- **主动提升自身的竞争力**

升职的机会并非单纯地依赖公司职位空缺，而是你是否具备了"不可替代"的竞争力。小赵在被拒绝后，感到自己的能力没有得到认可，但她忽视了一个问题：她自己是否提升了核心竞争力，是否通过主动学习和尝试挑战去培养能让自己脱颖而出的能力？

职场上，升职并不仅仅是为了证明自己做得够好，更是为了展示你能为公司带来更大的价值。这时，主动提升竞争力尤为重要。可以通过以下方式来提升自身竞争力：

（1）学习新技能。例如，提升你的数据分析能力、项目管理能力，或者学习一些高级的技术工具。这不仅能帮助你在日常工作中更加得心应手，还能为你承担更多的管理职责做准备。

（2）参与有挑战的项目。主动申请那些可能对你而言有一定难度的项目，甚至是跨部门的合作项目。这样不仅能提升你的综合能力，还能让公司看到你具备处理复杂事务的潜力。

（3）培养领导力和团队合作能力。即使你现在不是管理者，具备领导力也是升职的重要资本。你可以通过带领小团队、与团队协同完成工作目标、参与决策等方式逐步培养自己的领导力，赢得更多人的信任。

- **培养情商，提高处理人际关系的能力**

职场中的升职机会不仅取决于硬实力，还与软实力——游刃有余地处理人际关系息息相关。许多人的升职往往是因为他们能够与同事和上司建立起良好的沟通及合作关系，这使得他们的贡献更容易被认可。

小赵也意识到，自己虽然能力出众，但在人际关系上的投入相对较少。她的领导并不了解她的全部潜力，其他同事对她也没有特别高的评价，这直接影响了她的升职。

对此，小赵可以通过更主动地与领导沟通自己的工作进展，争取更多的反馈与指导；同时，与同事们保持良好的互动和合作，展现出自己愿意为团队做贡献的态度。当你在团队中被认为是值得信赖和尊重的同事时，升职机会自然会到来。

在职场上，学会"搭建关系网"同样至关重要。你可以主动与跨部门的同事建立联系，参与公司内部的社交活动，让自己更被周围人认可。一个情商高的人更懂得如何巧妙地表达自己的需求，也能为团队创造更多的价值，这样的人自然会更容易获得升职机会。

升职被拒绝并不代表失败，而是让我们从外部和内部两个层面进行深刻的反思。外部因素，如公司的需求、职位空缺等，有时是我们无法控制的；而内部因素，如职业规划、竞争力、人际关系等，是我们完全可以调整的方向。

就像小赵一样，接受拒绝并不意味着放弃，而是一个重新审视自我、改进不足的契机。通过不断反思，设定明确的目标，提升自己的竞争力，培养良好的人际关系，我们才能在职场中走得更远，迎接属于自己的升职与成功。

正如一句话所说："成功是留给有准备的人的，而准备是不断成长、不断反思的结果。"

练习：

1. 你听到升职被拒绝时，最初的情绪反应是什么？写下你的情绪反应，并从领导的反馈中寻找建设性的意见。思考公司需求与你的优势是不是不完全匹配。

2. 你是否设定了职业目标，并清楚自己的发展方向？设定短期和长期目标，与领导沟通，确保你的目标与公司方向一致。

3. 你是否具备"不可替代"的竞争力？列出你的核心竞争力，找出提升的空间，制订具体的学习和提升计划。

4. 你和领导、同事的关系如何？主动与领导和同事沟通，增强信任和合作，扩大职场社交圈。

5. 你从这次拒绝中提炼了哪些经验？反思自己是否存在不足，制订改进计划，为下次升职做好准备。

这些练习可以帮助你从升职被拒绝的经历中提取有价值的反馈，调整心态，提升能力，最终为自己的职业发展铺平道路。

2.4 职场冷暴力：被忽视时该如何保护自己

小李（化名）是一位努力上进的职场女性，已经在公司工作了五年；然而，最近几个月，她开始觉得自己在团队中的位置越来越尴尬。虽然她的工作表现一如既往地优秀且从未犯过错误，可是她发现自己在团队中被逐渐孤立。工作任务越来越少，几乎没有领导给她分配新的工作，她的同事们也变得冷淡，私下里总是避开她。每天，她默默地坐在办公室，等待着一天结束，心里充满了不安与焦虑。

这并非偶然，小李很清楚，自己的困境源于她得罪了领导。几个月前，她在一次会议上提出了一个与领导不同的意见，并当场与领导发生了冲突。此后，领导开始在工作中有意无意地冷落她，甚至将她排除在关键项目之外。她知道，领导这次的举动并不是为了工作上的差错，而是想通过冷暴力逼迫她离职。

小李很想意气用事、一走了之，不再受这股窝囊气，但她现在不能轻易离开这份工作，因为她的家庭也正面临着非常大的困难。丈夫刚刚失业，孩子即将赴国外求学，家庭还背负着沉重的房贷压力，若她辞职，势必给家庭带来灾难性的打击。小李觉得自己处在两难的境地，不知道如何保护自己，也不敢轻易做出离职的决定。

什么是职场冷暴力？

职场冷暴力，顾名思义，是一种通过冷漠、忽视和排斥来对待他人的暴力行为。与传统意义上的暴力不同，它并不是言语或肢体上的直接冲突，而是让你感受到"无形的伤害"。其表现形式多种多样，包括但不限于：

- ◆ 被排除在重要会议之外。
- ◆ 不再被赋予任务或责任。
- ◆ 明显的忽视和疏远，同事不再与你互动。
- ◆ 工作成果被无视或被他人抄袭。
- ◆ 领导和同事对你缺乏基本的尊重。
- ◆ 在很多事情上被不公平对待。
- ◆ 经常在公开的场合因为一些无中生有的事情被指责。

职场冷暴力常常通过一系列微妙的、间接的手段表现出来，虽然这些行为看似不具有威胁性，但它们往往让人感到孤立无援，甚至对自我价值产生严重的怀疑。

职场冷暴力的背景：为什么会发生？

职场冷暴力通常出现在以下几种场景中：

职场文化：某些公司或团队的文化缺乏开放性和包容性，

领导与员工之间的关系可能不够健康。在这样的环境中，冷暴力可能成为一种控制或报复的手段。

领导的偏见或报复：当员工与领导发生冲突，尤其是员工在职场中提出异议或疑问时，领导可能会通过冷暴力来报复或施加压力，迫使员工离职。

职场竞争与嫉妒：在一些竞争激烈的环境中，个别同事可能会通过排挤、孤立或冷落他人来争取和保持自己的地位。

员工个人特点：有些人可能因为性格不善于社交，成为团队中的"局外人"，进而被冷落。

在小李的案例中，领导的偏见和个人情绪造成了整个职场冷暴力的局面。她明明没有犯错，却因为提出与领导不同的意见成为领导冷暴力的目标。

如何应对职场冷暴力？

- **认识冷暴力，保持清醒**

首先，认识到自己正处于职场冷暴力中是至关重要的。当你意识到自己处于职场冷暴力时，不要轻易自责，也不要否定自己的价值。职场中的冷暴力往往与个人能力无关，它更多反映的是职场环境、文化或人际关系的复杂性。

你如果发现自己在团队中被疏远、忽视或排斥，要清楚地认识到，问题可能并非出在自己的能力或工作态度上，而可能是领导或团队的管理问题。

● **保持专业，不做出过激反应**

面对冷暴力，不要让情绪控制你的行为。你可以通过更加专业的工作态度来回应，保持高效、积极的工作表现，证明自己的价值。

即使在被忽视或排斥的情况下，你也不应主动表现出愤怒或失落，这样可能会加剧孤立感。保持冷静，继续以高标准要求自己，不仅能为自己争取更多机会，还能在其他同事面前树立起积极主动、值得信赖的形象。

那么，如何保持专业呢？

发现领导已经很长时间没有给你分配工作，你可以主动走到领导的办公室里，带着微笑，简洁地表达出你的想法：

"领导，我注意到最近您没有给我分配新的任务，不知道是否有我可以帮忙的地方？我希望能在工作中做出更多贡献。"

在这个过程中，保持平静的语气和开放的态度，不要急于抱怨领导的做法，而是将焦点放在自己的工作热情上。如果有可能，提出自己可以承担的具体任务，来展示你的积极性。

● **寻找盟友，构建支持系统**

在职场冷暴力中，孤立往往是最强的打击，对此应尽量与身边的同事建立信任关系，争取他们的支持和帮助。寻求他人的帮助并不代表软弱，而是建立职场支持网络的智慧。

当遭遇职场冷暴力时，你可以寻找那些与你志同道合或有一定合作关系的同事，尝试从他们那里获得情感支持，或者在不直接涉及领导的情况下获得更多的工作机会。比如，曾经有位女职工就在单位找到了一位同样遭遇打击报复的同事，她们会在有情绪时交流一下情感，获得支持，不至于在工作场所因崩溃而失态。

当然，你可以主动帮同事完成小任务或给予技术支持，借此建立更深的信任关系。随着关系的深化，当你遇到问题时，同事们也更愿意伸出援手。

- 与领导沟通，明确自己的立场

在合适的时机，我们可以主动与领导沟通，询问自己的工作表现，并表达自己希望在工作中有所提升的想法，要保持冷静、理性，避免情绪化的回应。沟通时，我们最好选择一个私下、不受干扰的场景，以确保沟通的效果和信息的表达。

假设领导在一次团队会议后依然忽视你的贡献，你可以主动找领导单独交流，最好选在一天工作结束后，或者领导没有其他事务的时段：

"领导，很感谢您给我机会，让我参与上次的项目。我觉得自己在某个项目运作方面的能力还有提升空间，想向您请教一下，未来在团队中我可以如何改进并承担更多责任？有没有您认为我可以加强的地方？"

这个时候，保持开放、接纳反馈的态度非常重要。你可以在沟通中保持专业性，避免情绪化，如不抱怨被冷落，而是关注自己的成长和如何为团队做出更多贡献。

另外，你如果认为自己的表现并没有得到应有的认可或正当对待，应保留一些沟通记录（如邮件或会议笔记），以便后期在必要时作为凭证，但要记得始终保持理性和专业，以免让领导感觉到你在"投诉"或"针对"他。

通过这种方式，你不仅能获得更明确的反馈，还能展现你主动改进的态度，减少冷暴力带来的消极影响。

● **维护自己的心理健康**

玛丽–弗朗斯·伊里戈扬（Marie-France Hirigoyen）在《冷暴力》一书中提到，受到职场冷暴力的员工只有心理健全才能保护自己，而施虐者的游戏是通过引起愤怒或者制造混乱不安来挑衅受害者，让对方犯错，落下把柄。受害者此时需要尽量表现出不在意的态度，微笑并幽默地回应，保持冷静而不是被他激怒，否则会被迫加入施虐者的游戏。

如果职场冷暴力对你的心理造成了较大的影响，你不妨考虑寻求外部支持，如心理咨询等，帮助自己调整心态，避免情绪的长期积压，保持积极的自我认知，强化自己的心理弹性。

面对职场冷暴力，保持清醒的头脑、专业的态度和积极的行动力，能够帮助你在困境中走得更远。通过合理的沟通与自我提升，你能逐渐化解这些困境，重新获得团队和领导的认可，突破职场冷暴力带来的困境。

职场冷暴力并不意味着你不够好，它更多的是一种环境和人际关系的问题。面对这样的困境，你要保持冷静、理性，不被情绪左右，并通过积极的沟通和行动去寻找突破口。只有真正意识到自己的价值，才能在困境中保护自己，走向更广阔的职场天地。

练习：

1. 你是否能清晰地识别自己在职场中遭遇的冷暴力？这是否会对你的工作产生影响？

2. 在遭遇职场冷暴力时，你的第一反应通常是什么？你认为这种反应对你有什么帮助？

3. 你有哪些有效的应对策略可以帮助自己走出冷暴力的困境？如何为自己争取更多支持？

2.5 频繁离职、遇到难题就想逃避：是环境的问题，还是你想逃避一些课题

小赵已经在职场中摸爬滚打了五年，她发现自己在这五年

里换了 8 个单位，最短的单位只待了不到 3 个月，最长的也不到一年。

每次进入新公司，她都充满了希望，但不长时间她就会因为某种原因离职。有时是因为领导很难相处，有时是因为公司氛围不合适，或者是企业文化与自己不匹配，甚至是因为上班地点离家太远。每当这种情况发生时，她总能列出一堆外部因素来为自己的离职辩解。

最近，她在一次咨询中逐渐意识到自己或许在不断重复某种模式。每当遇到职场困境，她就选择逃避，选择放弃，选择离开。她不禁开始反思：这是因为外部环境，还是因为自己在逃避一些不想面对的职场课题？

从外归因到内在反思：逃避与责任推脱

小赵的离职原因看起来都挺合理，不过这样的外归因往往容易让她忽视内在的心理原因。她觉得自己处于困境中，环境对她不公，而她作为一个普通员工，并没有从公司获得自己应得的回报。每次换工作后，她很少花时间反思自己是否适应了公司文化、是否在不断变化的工作环境中进行了相应的调整，也没有考虑到自己是否需要提升一些更深层次的职业能力。

心理学上有一个概念叫作回避，这是一种心理防御机制。当面临压力、挑战或困境时，个体会选择逃避，避免去面对可能导致焦虑和不安的情境。对于小赵来说,她不断跳槽的行为实际上是在逃避自我成长和改变的挑战。每当遇到不顺心的工作环境时,她总是选择放弃,而不是去解决问题或者调整心态。

逃避的心理根源:成长经历与自我期待

逃避行为往往与个体的成长经历密切相关。回顾小赵的成长背景,她的父母一直强调她要有好的成绩,争取上好的学校,找一份好工作。尽管外部环境并没有给予她过多的挑战和压力,她却一直在寻找一种完美的工作环境与生活状态,这种对自我的过高期待使得她面对任何一点不如意都会觉得不满足,进而选择逃避。

心理学家指出,高自我期待往往与较高的回避行为相关。当我们对自己的期望过高时,任何不如意的现实都会让我们感到焦虑。与外界的矛盾和冲突往往会成为自我逃避的借口。正如小赵一样,她没有在职场中积累足够的经验和技能,却总是想通过快速跳槽寻求解决问题的捷径,忽视了职业成长的长期性和复杂性。

职场逃避的负面影响:积累的不是能力,而是离职记录

频繁离职实际上会给个人职业发展带来许多负面影响。首先，企业通常会质疑频繁跳槽的员工。每当面试新工作时，HR（人力资源）和领导会考虑你是否能够在新公司长期发展，而频繁跳槽的履历往往会被视为不稳定的信号。

如果一个人总是在工作中选择逃避、放弃，而不去主动解决问题，那么他在职场上的竞争力就会逐渐下降，最终积累的只是短暂的工作经验和不断更新的离职记录，而不是实际的工作能力和职业声誉。

其次，频繁离职还意味着缺乏职业规划和目标感。在一个人的职业生涯中，如果不能在一个工作岗位上积累足够的经验和知识，那么你很难获得更高的职位或者更有挑战的机会。

小赵已经30岁了，但她依旧停留在普通员工的位置上，与自己同批毕业的同学相比，她发现自己似乎并没有获得应有的成长。每次离职虽然让她得到了短期的解脱，但失去了长远的职业发展机会。

如何避免职场逃避？

面对职场困境，逃避并非解决问题的最佳途径。为了避免陷入重复跳槽的恶性循环，以下几个策略或许可以帮助你更好地应对职场中的难题。

- **从根本上重新审视自己的职业目标与期望**

许多人在职场上遇到困难时，会感到迷茫和焦虑，这时，首先需要做的就是重新审视自己的职业目标与期望。设定切实可行的职业目标，并明确自己希望在每个阶段实现的目标，是避免职场逃避的第一步。

如果小赵能在每一次换工作之前先冷静地评估自己想要实现的长远目标，并思考每一个工作是否能够为她的职业发展带来实际的成长，她可能就能减少逃避的冲动，并在当前环境中寻找真正的成长机会。

- 培养解决问题的能力

职场中的问题和挑战是不可避免的，主动解决问题，而不是逃避它们，是职业成功的重要能力。面对困境时，我们首先要认识到自己可以通过不断学习和提高能力来解决问题，而不是因为一时的不顺利而选择逃避。

对于小赵来说，她可以试着从每一次遇到的问题中汲取经验和教训，主动去提升自己的沟通能力和问题解决能力，并学习如何管理自己的情绪与压力。这些都是她不断成长的机会。

- 与领导和同事建立良好的沟通渠道

许多职场困境都源于沟通不畅，尤其是与领导和同事的关系不够融洽。与其逃避，不如通过建立有效的沟通渠道去理解对方的需求与期望，从而更好地调整自己的行为和心态。

小赵来咨询也是发现了自己在沟通方式上的问题，决定做出改变。

她开始主动与自己现在所在公司的领导沟通，询问如何能够更好地融入团队、如何提高自己的工作效率和能力，而不是一味地逃避困境。她通过与同事建立更好的信任关系，也逐渐意识到自己在工作中需要更多的耐心与包容，而不是寻找一个完美的工作环境。

最终，小赵发现目前的这家公司可以让自己在职场上获得更快的成长，经过沟通发现，过去自己认为很难容忍的事情并非如自己想的那样，同事关系更加融洽，虽然仍然会遇到一些困难，但她可以忍受，并且在大多数时间，工作还是可以让她有愉悦感与成就感的。

在职场中，面对困境时逃避的冲动是许多人常常经历的情绪反应，但这种逃避行为如果不进行正视和调整，就会成为一种职业发展的障碍。

逃避并不是解决问题的办法，反而可能让你错失成长的机会，陷入频繁跳槽、缺乏稳定性的恶性循环。真正的成长来源于面对挑战、解决问题和适应环境。只有勇敢地面对自己的恐惧、困难和不适，才能在职场中持续前行。

对于那些容易逃避的职场人来说，最重要的是从自身找原因，理解自己行为背后隐藏的恐惧与不安。通过设定清晰的职业目标，提升问题解决能力，以及建立良好的沟通和支持网络，我们可以避免无谓的逃避，学会面对挑战并在其中获得成长。

练习：

1. 回顾自己过往的离职经历，你是否也有过逃避的行为？每一次离职背后有没有未解的职场困境？

2. 面对职场困境时，你通常选择逃避还是主动解决？你认为逃避对你职业发展的影响是什么？

3. 如何调整自己的心态，面对职场中的困难与挑战，并避免逃避行为的发生？

2.6 无法拒绝：学会设置健康的职场界限

如果在职场上总是无法拒绝别人，可能会给自己带来一系列的困扰与麻烦。我的来访者小玉（化名）就深受其害。

刚入职时，小玉满怀对工作的热情和期望，但很快她就陷入了一个让她痛苦不堪的困境。进入公司不久，她发现自己被领导过度关注。领导经常以"工作需要"为由把她叫到办公室，甚至偶尔把门关上，要求她坐到自己身边，几次没有拒绝之后，领导竟然还有意无意地触碰她的身体。最让她感到不适的是，领导暗示给她升职加薪的机会，前提是她要"配合"他的要求。这种行为让小玉感到极度不安和不适，但她一直没有勇气拒绝。

小玉并不是没有察觉到事情不对劲，但她不敢拒绝领导，因为她知道这份工作是家人帮助她找到的,失去这份工作意味着她可能会让家人失望,甚至会让自己无法在职场立足。

于是,她选择默默忍受,直到这种不适感变得越来越强烈。每次一听到领导的名字,她就感到全身发抖,甚至发展到每天上班都会感到恐惧,最后彻底无法去上班。家人并不知道事情的真相,她只是告诉他们自己得了抑郁症,但真正的原因是她无法拒绝领导,无法设置健康的职场界限,最终让自己深陷恐惧与焦虑之中。

为什么我们不敢拒绝?

小玉的故事并非个例,职场中有很多人会因为各种因素难以拒绝他人,尤其是面对权威、上级或有利可图的关系时。对于这些人来说,拒绝可能带来的后果似乎远远大于接受,因此他们选择压抑自己的真实感受,不敢说"不"。这种情况往往与内心的恐惧和不安密切相关。

第一,害怕失去工作或机会。很多人害怕拒绝上级的要求,因为他们认为这会影响自己的职业前途。就像小玉一样,她担心拒绝领导的要求后,可能会失去这份工作,甚至会伤害到家人。

第二,自我价值感的缺失。有些人觉得自己不配拒绝他人的要求,认为拒绝是一种不礼貌或"不合群"的行为。这种内心的不安全感导致他们选择默默忍受，即使是在不舒服的情况下。

第三，回避冲突的恐惧。有些人讨厌冲突，宁愿忍受不适，也不想与他人发生矛盾。特别是当上级是冲突的一方时，他们更倾向于默默忍耐，以避免与上级产生不必要的摩擦。

第四，害怕破坏或者失去关系。很多人，尤其是新人或职场上较为柔弱的人，常常会担心拒绝他人会使自己与同事、上司产生隔阂，甚至让原本亲密的工作关系变得紧张。这种担心源自对"被排斥"或"被孤立"的恐惧。

很多时候，我们不敢拒绝，是因为我们潜意识里将"拒绝"与"冲突"或"冷战"画上了等号，害怕一旦拒绝就会失去别人的信任或好感。特别是对领导或者关键同事，拒绝可能被视为不合作或者难相处，这让很多人不敢说"不"。

实际上，适当的拒绝并不等于关系的破裂。真正的职场关系应该建立在相互尊重和边界清晰的基础上。如果我们始终没有设置健康的界限，反而会导致别人对我们的行为和需求产生过多的期待，最终让自己陷入疲惫甚至痛苦的境地。只有尊重自己、保护自己的需求，才是长久维持良好关系的前提。

如何设置健康的职场界限？

♦ **识别自己的界限**：首先，要学会了解自己的底线是什么。

在职场中,每个人的界限不同,要清楚什么样的行为会让你感到不适。明确这些底线,能够让你更加清楚地知道何时该说"不"。

♦ **勇敢地说"不"**:当你感到不适时,应该勇敢地表达出来,哪怕是面对上级也要敢于说"不"。例如,如果领导要求你做不愿意做的事情,可以用冷静、专业的方式拒绝,"我不太适合做这件事,能否请您考虑其他解决办法?"

♦ **寻求支持和帮助**:如果觉得自己难以承受或表达拒绝,你可以寻求同事或 HR 的支持。很多公司都有员工帮助与支持计划和心理咨询服务,在遇到职场困境时,千万不要一个人扛着。

小玉在经历了长时间的恐惧和焦虑后,终于决定寻求帮助。在朋友的鼓励下,她与人力资源部门进行了沟通,表达了自己在职场中遇到的困境。公司不仅对她进行了心理辅导,还安排了她和领导的一对一沟通,帮助她阐明自己的立场,并请求工作环境的改善。经过这次沟通后,领导虽然没有向她道歉并且承认自己的骚扰行为,但在行为上已经有了很大的收敛。同时,小玉学会了设置更明确的界限,开始勇敢地表达自己的感受。她不再让恐惧支配自己,逐渐找回了自信。

♦ **保持自我尊重与职业态度**：在职场上，尊重自己是第一步。你有权设立自己的界限，也有权要求得到应有的尊重。我们要时刻记住：只有自己尊重自己，别人才能尊重你。

职场中的边界是我们自我尊重和职业发展的基础。学会设置健康的职场界限不仅是为了保护自己，还是为了在工作中保持清晰的头脑和良好的工作状态。

当我们能够明确知道什么是自己能够接受的、什么是自己无法容忍的，我们便能够在职场中更加从容、坚定地前行。

练习：

1. 请你思考一下，在过去的职场经历中是否曾有过令你感到不舒服却未能拒绝的情境？是什么原因让你没有勇气说"不"？

2. 列出你在职场中不可接受的行为以及哪些是你必须坚守的界限。请描述一下，如果遇到这些行为，你会如何应对。

3. 如果面对一个职场中的不适当请求，你会如何表达自己的拒绝？请写下你想说的话。

第 3 部分 爱情中的课题分离

爱情是人类最复杂、最迷人的情感，它既能点亮我们的心灵，让我们感受到深沉的依赖与温暖，又能让我们在其中挣扎，经历痛苦与迷茫。

在情感交织中，我们常常带着过去的伤痛、未曾治愈的创伤以及心底深藏的期待与理想，去触碰一个同样承载着过往与独特性的灵魂。

两颗心的相遇不仅仅是相互依偎的温柔时光，更是在无形中彼此承担着责任、承诺，并从中维持着某种微妙的平衡。

不过，在这条充满迷雾的爱情之路上，我们常常会犯一个错误——把自己未解决的难题与未放下的痛苦投射到对方身上，错误地认为那是他人让我们感到痛苦，抑或是将无法解决的困惑归咎于彼此。

但事实上，我们未曾察觉，爱情中的许多冲突与痛苦并不完全是由对方造成的，而是我们未能识别清楚自己真正的课题，未能分清哪些问题该由自己承担，哪些是他人的责任。

这就是我们在爱情中的一个常见困境——课题混淆。

> 我们在爱情中的痛苦或冲突往往并非完全源自对方，而是自己未能正确识别并分离出属于自己的课题。

我们习惯性地将责任推给伴侣，认为"分手是因为他不够爱我"或"我受伤是因为他做错了"。

实际上，大多数时候，我们的痛苦源于未曾看清楚自己内心深处的问题，也未曾理解这些问题是否与他人有关。

在这一部分，我们将通过几个案例探讨如何在爱情中识别并分离出各自的课题。

爱情中的课题分离不仅是对我们情感问题的一种理性思考，还是一种情感成长的过程。我们只有学会在感情中分辨清楚自己的责任与他人的责任，才能真正地理解和包容彼此，避免无谓的冲突和伤害。

在本部分，我们将通过**"课题分离"**这一心理学工具，帮助你更清楚地了解自己在爱情中的困境，学会正确地应对爱情中的挑战，进而走向更加成熟和健康的亲密关系。

3.1 婚姻中的原生家庭纠缠：如何走出父母的阴影

我们每个人都背负着原生家庭的烙印，逃离它并不是正确的选择，只有超越它才能找到真正的自由。

琳已经 33 岁了，她的亲朋好友开始热络地"关心"起她的婚姻大事，催促她找一个合适的对象，尽快成家。琳也很着急，她觉得留给自己的时间不多了，自己在婚恋市场上将会越来越"贬值"，越来越难进入理想的婚姻。但她明白，这种急迫感和焦虑感背后隐藏的是她无法忽视的痛苦——对婚姻充满了恐惧和不信任。

琳的焦虑和对婚姻的恐惧源自她的原生家庭。

琳的父母是因未婚先孕而匆忙结婚的。父母的婚姻从一开始就不和谐，价值观的差异、性格的不合让两人频繁争吵，甚至到了父亲动手打母亲的地步。家庭暴力最终让母亲选择了离婚，琳在这种暴力的阴影中长大。

她目睹过父亲打母亲的场面，那个场面至今深深烙印在她的脑海里，让她对男性产生恐惧，也让她对建立婚姻家庭没有任何信心。

在琳的世界里，男性几乎等同于暴力与不安，婚姻则意味着痛苦与失望。即便她已成年，开始工作并且独立，她依然无法摆脱这种根深蒂固的恐惧。

她虽然渴望建立一段关系，但总是无意识地逃避与男性的亲密接触，甚至在相亲时也感到焦虑不安。她总觉得自己不配得到幸福，内心的自卑与恐惧如影随形。

原生家庭对每个人的影响

原生家庭作为我们生命中的第一个社会环境，塑造了我们对世界的认知、情感反应和行为模式。家庭是我们学习如何爱、如何信任他人、如何应对冲突和情绪的第一个课堂。无论是积极的影响还是消极的烙印，都在不知不觉中影响着我们。

有些人从原生家庭中获得了强大的支持和积极的情感体验。父母的爱、支持与鼓励使他们学会了自信和独立，构建了健康的亲密关系模式。这样的人往往在亲密关系中更加轻松和自然，能更好地信任别人，也更容易找到和谐的关系。

但琳这样的例子也并不罕见。我们无法选择自己的父母，也无法选择家庭环境。如果父母的婚姻充满冲突和暴力，孩子往往会对婚姻和爱情产生恐惧。这种恐惧随着年龄的增长可能会加深，影响到成年后建立亲密关系的能力。原生家庭的负面影响往往如同一块沉重的石头压在胸口，影响着我们的情感需求、情感表达甚至自我价值的认同。

对于琳而言，父母失败的婚姻使她形成了一种深刻的信念：婚姻意味着痛苦和不安，而男性，尤其是作为丈夫的男性，往往不值得信任。她不仅对男性产生恐惧，而且对婚姻本身抱有怀疑，认为无论多么努力，婚姻最终都会走向破裂。

如何区分"我的课题"和"父母的课题"？

课题分离是走出原生家庭阴影的关键之一。小时候，我们会无意识地将父母的婚姻失败归咎于自己，认为如果自己做得更好，父母的婚姻也许就不会破裂，自己也许就能在家庭中得到更多的关注和爱。然而这并不是我们能够控制的，我们无法为父母的婚姻负责。

> 从课题分离的角度看，父母的婚姻关系是他们的课题，而作为孩子，我们不应将自己卷入他们的情感冲突。

父母的选择和行为属于他们的责任，我们无力改变。成年后的我们，应该关注的是自己的情感需求和内心的成长，而非一直背负着父母未能修复的伤口。

琳在父母离婚时感到非常痛苦，认为家庭破裂是因为自己还不够好。她觉得如果自己是一个更乖巧、懂事的孩子，父母也许不会离婚。然而，父母之间的婚姻问题不是她能够决定的，她不必为他们的选择承担责任。她要做的是走出父母的阴影，活出属于自己的人生。

如何走出原生家庭创伤？

- **承认与接纳伤痛**

要想走出原生家庭的创伤，就需要承认过去的家庭或者父母曾经对自己造成的伤害。无论是情感上的创伤，还是原生家庭带来的创伤，只有真正面对并接纳，这些创伤才有机会愈合。

琳的痛苦源自她对父母婚姻的无力感和对男性的恐惧。她需要学会接受自己曾经的无助与受伤，并明白这些伤痛并不是她的错。

- **找到自己的声音**

从父母的阴影中走出来的关键在于找到自己的声音，了解自己真正的情感需求。只有通过自我觉察，才能区分哪些是父母未解开的情结，哪些是自己可以改变的部分。琳可以尝试写日记，并进行自我反思，了解自己对婚姻的恐惧源自何处，逐步打破这些固有的信念。

- **进行情感修复与心理重建**

在走出原生家庭创伤的过程中，情感修复是一个重要的环节。心理咨询、心理互助团体能够帮助我们重建健康的情感模式。琳可以考虑通过心理咨询探讨自己内心的创伤，逐步释放内心的恐惧与焦虑，学会信任自己、信任他人。

- **练习建立健康的亲密关系**

走出原生家庭创伤并不意味着否定父母，而是通过建立健康的亲密关系来修复过去的创伤。琳可以从日常生活中的小事做起，练习如何在恋爱中保持独立、自信，同时能够表达自己的需求，建立平等、互相尊重的关系。

超越原生家庭的阴影是每个人走向成熟与独立的必经之路。父母的婚姻虽然对我们的成长产生了深远影响,但我们不能让父母未完成的课题成为我们一生的负担。

走出阴影、活出自己是每个人的权利和责任。我们不再是那个无力改变父母婚姻的小孩,而是有能力创造自己幸福的成人。

练习:

1. 反思父母的婚姻对自己的影响:回顾自己的原生家庭,写下父母的婚姻是如何影响你对婚姻的看法与行为的。思考这些影响是否属于你自己的课题。

2. 重构内心的信念:列举自己关于婚姻、亲密关系的负面信念,并试着反思这些信念是否源自原生家庭的创伤;然后,用正向的信念替代这些负面信念,如"婚姻也可以是美满的,我有能力经营好婚姻"。

3.2 "你不懂我,就不爱我":是你的课题,还是他的课题

爱情的本质,并不是完美的契合,而是互相理解。

——伊丽莎白·吉尔伯特

小萍总是希望她的男友能够"懂她",知道她需要什么,

感受到她的情绪波动,甚至不用她开口就能做出正确的回应。

有一次,小萍和男友去看电影。在电影开场之前,男友觉得口渴,就去服务台买了一瓶饮料。小萍看到他带着一瓶饮料回来的时候,心里有些不悦。

她生气地指责男友说:"你怎么只顾自己?一点都不关心我,怎么不问我需要不需要?"男友被她的反应弄得有些愣住了,他确实没有考虑过她是否也渴了,只是单纯地去买了一瓶饮料。看到女友如此生气,他赶紧出去给她买了一瓶,试图弥补自己的"过失"。

小萍反而更加愤怒了,她说:"你怎么就一点也不懂我呢?我需要的根本不是饮料,根本不是这瓶水,你太不了解我了!我生气的是你的心里根本没有我!"结果两人最后都气愤地走出了影院,连电影都没看成。

这段小插曲看似简单,却暴露了小萍在亲密关系中的深层次需求:她渴望被完全"懂得"。这种期待是否合理呢?

懂得与被看见的心理需求

每个人都希望在亲密关系中能够被对方"看见",不仅是外貌上的吸引力,而且是内心的真实感受被理解、被回应。当我们觉得自己在某个关系中被深深理解时,便会有一种强烈的"存在感"——我在这里,我是独特的,我的需求和感受被重视了。这种体验无疑是每个人都渴望的。

从心理学的角度来看，这种需求其实是源于"被接纳"和"自我价值感"的建立。心理学家马斯洛的需求层次理论中，归属与爱的需求排在第三层次，这表明，在满足生理需求和安全需求之后，人们会迫切需要得到他人的接纳与关爱，而被理解、被看见正是这层需求的体现。当我们感受到他人的理解时，内心的空洞和孤独感就会得到填补，进而感受到内在的安全与稳定。

不过，我们的内心世界是非常复杂的，很多时候，可能连我们自己都无法完全理解自己。这也是很多人在情感中的困惑，甚至是痛苦的原因。

当无法清晰地认识到自己真正需要什么时，我们往往会将这种期待寄托在他人身上，期待对方在没有任何提示的情况下理解和回应我们内心的呼唤。

期待他人完全读懂自己的内心是否是一种"婴儿式的幻想"？

婴儿无法通过语言表达自己的需求，只能通过**啼哭**来向父母传达饥饿、困倦或不适等感受。父母通过**读懂**婴儿的哭声来做出反应，满足婴儿的需求，这一过程形成了婴儿对父母的依恋。

在成人的世界里，这种需求通过沟通与表达来替代。如果成人期望通过对方"读懂自己"的方式来维持亲密关系，这种期待实际上可能是一种"婴儿式的幻想"。

它暗示着我们希望伴侣像母亲一样，不需要任何语言，仅凭直觉就能满足我们的所有需求，而这可能只是一种全能的幻想。现实是，成人的关系是建立在平等、相互理解和沟通的基础上的，而非百分百的默契。

恋爱初期，人们往往能体验到"被懂得"的喜悦。这是因为两个人初识时通常会投入大量时间和精力去了解对方的需求，甚至会在不经意间满足对方的期待。比如，刚开始的几个月，伴侣可能会通过细致的观察去猜测你的需求，并且主动询问你是否需要什么。但是随着时间的推移，这种投入会逐渐减少，很多人会感到对方变得不再关心自己，常常感到孤独。这种变化可能并不代表感情的减少，而是因为每个人都必须面对自己的成长和生活责任，如工作、家庭和内心的挑战等。

如何懂得自己并通过语言表达来帮助别人理解自己？

如果想让他人懂得我们，我们首先要学会"懂自己"。这意味着，我们需要有足够的时间和空间去理解自己的情感需求，并能够通过清晰的语言来表达。无论是在亲密关系中还是在人际互动中，明确表达自己内心的想法和需求是建立健康关系的基础。

小萍的困境恰恰是因为她没有直接表达自己的需求,而是期待男友通过"心灵感应"来理解她。这种依赖让她感到失望,却又不愿正面沟通。为了避免这种情感误解,以下几点可以帮助我们更好地"懂得自己"。

● **自我觉察与情绪管理**

每天花一点时间反思自己的情感反应是什么引发的,情绪的背后究竟隐藏着哪些未表达的需求?比如,今天你因男友没有给你买饮料而生气,是否是因为深层次的不安全感或是对被忽视的恐惧?理解这些情绪的根源可以帮助你更理性地应对情感波动。

● **表达需求的勇气**

直接表达需求并不容易,尤其是在亲密关系中,我们可能会担心被拒绝或是让对方感到有压力。但只有通过清晰的表达,才能让对方理解我们内心的真实想法。例如,如果觉得渴了,你不妨直接告诉男友:"我有点渴,可以帮我买瓶水吗?"这种简洁的表达反而能够减少不必要的误会和争吵。

● **接纳不完美**

没有人可以完美地理解另一个人。在亲密关系中,双方的理解始终是有限的。学会接纳自己的不完美,**理解伴侣也有自己的局限,这样才能保持一种健康的心态**,不对对方产生过高的期待。

在亲密关系中，期望"被懂得"是人类的一种普遍需求，但过度依赖这种期待往往会给自己和伴侣带来非常大的困扰。

真正的"懂得"并非是单方面的施与，而是需要通过双方的努力、耐心和沟通来实现。我们要学会懂得自己，理解自己内心的需求，并通过清晰的语言去表达这些需求。只有这样，我们才能在亲密关系中获得真正的理解与支持，而不再陷入误解和孤独。

练习：

1. 情绪觉察练习：每天花 10 分钟回顾当天的情绪波动，记录哪些情绪是因为某个具体事件引发的，分析其背后是否存在未表达的需求，并思考自己是否能够用语言表达清楚。

2. 表达需求练习：在接下来的一周内，练习在日常生活中主动表达需求。例如，当渴了的时候，你可以直接告诉伴侣："我有点渴，可以帮我买瓶水吗？"记录自己的感受，并分析表达后伴侣的反应。

3. 自我反思练习：每周花 20 分钟写下自己在亲密关系中的需求和期待，思考哪些需求是合理的、哪些是过高的期望，并分析这些期待是否建立在对方无法承受的基础上，以及自己是否能够独立满足部分需求。

通过这些练习，我们不仅能更好地理解自己的内心需求，还能更健康地表达自己的情感，从而建立更加和谐的亲密关系。

3.3 分手后，我们总是把责任推给对方：真的是他的问题吗

每个人在面对一段感情的结束时都会有一段时间的痛苦。有人会陷入过度的懊悔和反思，认为自己是错的人；也有人选择将所有的责任推到对方身上，觉得是对方没有尽到责任才导致了这段关系的破裂。

最近，我有一位朋友经历了婚姻的破裂，她常常到我这里倾诉。每次听她讲述丈夫的各种"不是"的时候，我都能感受到她的痛苦和愤怒。

她不断地提到丈夫在婚姻中的种种过失：不兑现承诺、不照顾孩子、不拿钱回家，甚至在她生病住院时也没有表现出任何关心。这些都让她觉得自己在经历丧偶式婚姻。结婚前，丈夫还算体贴，时刻关注她的感受；可结婚后，丈夫的态度发生了翻天覆地的变化，变得不再关心她，时常对她发火，对孩子也漠不关心。

作为朋友，我当然能体会到她的痛苦，理解她对丈夫的愤

怒和失望。她认为婚姻的破裂完全是丈夫的错，是他没有履行作为丈夫和父亲的责任，自己则是受害者。

作为一名心理咨询师，我听到这些诉说时，心中却有一个声音不断地在问："当初你为什么会选择他？""婚姻的破裂，难道全是他的责任吗？"

我不是想要指责她，而是想让她重新思考：婚姻的解体是不是都是丈夫的问题？自己有没有责任？我们常说，婚姻是一场双人舞，它的成功与否并非取决于一个人的努力，而与两个人之间的互动密切相关。

婚姻关系的复杂性

美国著名的婚姻研究专家约翰·M.戈特曼（John M. Gottman）教授在他的《幸福的婚姻》一书中提到，婚姻关系的破裂通常是双方行为和互动的结果。

他的研究表明，有些行为模式直接预示着婚姻将无法继续下去，这些预测的准确率甚至高达 90% 以上。在他的爱情实验室中，他通过观察伴侣的互动，发现一些微小的沟通细节和情绪反应往往能够反映出婚姻的未来走向。

这表明，婚姻的破裂并非一方的责任，而是双方未能有效地处理问题、解决冲突的结果。

例如，戈特曼发现，有些夫妻在争论时常常进入"批评—

防御"的恶性循环：一方提出批评，另一方则立即防御反击，进而使问题无法得到有效解决。这种模式如果持续下去，最终就会导致关系的恶化和破裂。

我的朋友将婚姻的失败完全归咎于丈夫，但实际上，婚姻是两个人共同经营的过程。可能从她的角度看，丈夫的无视和冷漠令她无法忍受，但她是否学会了与丈夫沟通、表达需求、处理冲突？她是否在面对婚姻中的问题时选择了回避而不是面对？

责任的归属：谁该对婚姻负责？

婚姻的破裂不只是因为一个人做错了什么，而且是因为两个人无法共同处理好彼此的差异和冲突。在这段关系中，丈夫可能存在不负责任、情绪管理差、忽略家庭责任等问题，但我的朋友也有她的责任。

比如，她是否过于依赖丈夫，认为一切都应该由丈夫来承担？她是否在婚姻中没有及时表达自己的不满和需求，导致问题积压、恶化？

婚姻中常见的一个误区是，双方都习惯将责任推给对方，觉得"如果他更关心我一些，如果他能多做一些……"

我们常常会陷入一种心态，认为自己所遭遇的痛苦完全是对方的责任，甚至会把自己在关系中的困境归咎于对方的缺点或错误。

但问题的真正核心往往并非完全在对方身上。

> 当我们在关系中过度依赖对方时,这种依赖并不局限于情感上的"寄生",还可能表现为过度期待对方在生活中承担不属于他的角色,或者我们过度控制、要求对方去满足我们内心的某种缺失。

例如,有些人会将自己不安的情绪、未来的规划甚至自我价值的确认都寄托在伴侣身上,希望对方能够时时给予安慰与支持,甚至为自己的个人成长负责。

这种依赖会导致我们逐渐失去自我,无法独立地处理问题,甚至在关系中丧失自主权。

除了情感依赖,还有可能表现为过度依赖对方的决策,缺乏独立的判断力和行动力,甚至因害怕冲突而选择沉默,放任对方去主导关系。这些不健康的情感模式使得我们在关系中变得不再平衡,无法建立真正平等、互相支持的关系。

此外,另一种常见的情况是,双方在关系中都对"改变对方"的期望过高,觉得对方应当完全按照自己的需求和标准去行事。这种过于理想化的期待往往会导致双方失望,无法真正接纳对方与自己的不同以及局限性,而一味地指责与抱怨也只会让关系走向破裂。

分手后的反思：谁该为自己的幸福负责？

我们常常把自己的幸福寄托在对方身上，认为如果对方更好一些，自己就能过得更好。事实上，我们每个人都需要对自己的幸福负责。

无论是婚姻中的问题还是生活中的困境，都不能把责任全部推给别人。我们需要清楚地认识到，自己才是自己情感和人生的主导者。

我的朋友在婚姻中经历了很多痛苦，她常常对丈夫的不作为心生怨怼，但她很少反思自己是否做出过应有的努力。作为她的朋友，我也曾劝过她，不要轻易放弃，毕竟20年的婚姻，可以尝试向外寻求婚姻咨询，做最后的努力与尝试，但她认为完全没这个必要。

在婚姻出现问题后，她没有尝试与丈夫进行深度的沟通，只是将所有问题都归咎于丈夫。这种"他做得不够好"的心态最终让她无法承担起属于自己的责任。

她的幸福不能仅仅依赖于丈夫的改变，而是要从自己开始，学会如何面对和处理自己的情感需求。如果你不为自己的幸福负责，那么谁来为你负责呢？

如何区分责任？

在婚姻关系中，我们往往会迷失自己，认为自己是受害者，把所有问题都推到对方身上。

婚姻的失败往往是双方没有有效沟通、没有解决彼此课题的结果。无论是丈夫的冷漠还是妻子的依赖，都在婚姻关系中起到了负面的作用。

我们要学会从一个更为清晰的角度去看待问题，将自己的课题与对方的课题区分开，避免把所有的责任都推给对方。

婚姻关系中的责任并不是非黑即白的，往往是交织在一起的。真正的挑战是如何在婚姻中找到自己的位置，如何承担起自己的责任。只有学会反思和成长，才有可能让自己成为更好的伴侣。

分手后，我们总是会在情绪中放大对方的缺点，忽略自己在这段关系中的责任；然而，真正让我们痛苦的不是对方的"错"，而是我们如何面对这段关系，如何承担起自己该承担的责任。婚姻不是一方的责任，而是双方共同努力的结果。

如果曾经在一段关系中迷失自己，你不妨停下来思考：我究竟在关系中做错了什么？我是否也有未解决的课题？只有通过这种自我反思，我们才能从过去的阴影中走出来，找到属于自己的幸福。

练习：

1. 你在过去的关系中是否有过将责任推给对方的情况？回

顾这些时刻，你是否能找到自己未曾注意到的问题？

2. 在下一段关系中，你是否能够承担更多属于自己的责任，而不是依赖或责怪对方？

3. 当婚姻遇到问题时，你是选择了主动寻求帮助，还是选择了逃避或忽视？

这些练习会帮助你更深入地理解自己在关系中的角色，也有助于你在未来建立更加健康、平衡的婚姻关系。

3.4 爱上不该爱的人：要为此付出一生吗

爱上一个错的人，就像为自己写了一张无解的契约，注定要为之付出代价。

——《失乐园》

小杨从未想过，自己的一生竟然会被一段婚外情所定义。

那是一次偶然的相遇。他是小杨公司的客户，小杨见到他之后，彼此都被对方所吸引，并且迅速地坠入了爱河。最初，她并没有在意那段关系的复杂性——他已经结婚，有孩子，家庭看似完美。

但随着时间的推移，两人之间的感情越来越深，工作上的合作逐渐变成了私下的相聚，每一次心跳加速的接触都让她感到幸福，同时带来巨大的痛苦。

她开始陷入两难的境地：明知道这段关系注定没有未来，但无法割舍内心的牵挂和渴望。她深知这种关系不被社会所接受，然而她无法自拔，陷入了对那份"爱"的执念，渐渐迷失了自我。

就像《失乐园》中的男女主人公，他们的关系充满了激情和悸动，却注定无法有一个圆满的结局。

最终，痛苦与冲突如影随形，分手与离开带来的是更深的伤痛。小杨的故事并不少见，许多人都曾在错爱中付出了巨大的代价，最终发现爱情并不能弥补一切，甚至可能带来更大的创伤。

错爱的类型分析

● 错爱"爱情骗子"

在现实生活中，很多人常常会因为一时的激情和冲动，选择了不值得自己托付的对象。就像电影《被嫌弃的松子的一生》中的松子，年少时爱错了人，最后让自己陷入了一生的悲剧。

松子的错误选择并不是单纯的"爱情失败"，而是一步步失去自我，不断让自己陷入他人控制的深渊。她被爱情所支配，直到无法自拔。最终，松子成了爱情的牺牲品。

在我们身边，也有许多人深陷"爱情骗子"的陷阱。他们认为对方的甜言蜜语是真诚的，认为自己遇到了"命中注定的人"，忽视了对方的虚伪和自私，甚至在关系中丧失了自尊与自我价值。

当爱情变成单方面的付出时，痛苦也随之而来。此时，我们常常难以辨清这段关系是否真的值得继续。

这种类型的错爱往往源于个体对爱的强烈渴望和对自我价值的缺失。错误的爱让我们在他人的"无条件接纳"中找到了短暂的存在感，却也放大了内心的不安全感。

- 错爱"已婚者"

另一类错爱则是爱上了已婚者，这种感情通常为社会所不容，更容易让人陷入痛苦与焦虑。许多人在不适当的时机相遇，爱上了不该爱的人，情感一旦深入，就像失去了理智的船只，无法停靠在安全的港湾。

通常，这种错爱带来的不仅有情感的伤害，还有对家庭伦理、社会规范的挑战。小杨在迷失自我后，也开始意识到，这种情感不仅带给她痛苦，还让她在道德的边缘游走。

她的内心充满了矛盾，一方面渴望继续这段感情，另一方面深知自己无法摆脱被标签化的命运。最终，错爱不仅给她带来了内心的破碎，还让她失去了对自己生活的掌控。

这类错爱通常伴随着深刻的分离焦虑和自我价值的矛盾感。个体往往会把这种禁忌爱情与"唯一性"混淆，产生一种追求极致爱情的心理，但往往会为此付出巨大的代价。

● 错爱"情感依赖"型

> 错爱往往并不单纯是选择了错误的人，而是内心缺乏真正的自我认知和情感独立。

很多时候，我们将情感依赖与爱情混淆，以为爱就意味着依赖、占有，认为自己若得不到对方的爱，就无法生存。

这种情感依赖往往源自深层的不安全感和对爱的极度渴望。当我们选择了一个不适合的人，我们的情感和生活便被这种依赖所控制，逐渐失去自由。

过度依赖并不能够带来幸福，反而使我们在错爱的深渊中越陷越深。此时，问题并不只是"爱错了人"，更是我们没有真正走出内心的不安，无法独立面对自己的情感需求。

与"爱情骗子"型不同，这种错爱背后的动机往往不是单纯地被对方吸引，而是内心深处对情感支持的强烈需求。即便知道这段关系不健康，也会因对方的存在而感到"安全"，不愿意轻易放手。

情感依赖型错爱往往与个体的情感需求紧密相关，可能源自早期情感经历中的依赖型人格特点，也可能是过去未解决的创伤所导致的。这样的错爱让人陷入"爱情至上"的情结，无法理智地看待自己与对方的关系。

- 错爱"理想化情人"型

这种类型的错爱通常发生在对方并非真实存在的情况下,个体将对方理想化,甚至对其产生了一些不切实际的期望。这种错爱往往带有极大的幻想色彩,容易让人在现实面前感到深深的失落和痛苦。

理想化错爱背后常常隐藏着个体对完美爱情的渴望,把对方当作"完美情人"来构建理想的生活和未来,而忽略了现实中的差距。缺乏现实感往往会导致失望和深深的心灵伤害。

电影《完美家伙》中,事业成功的莉亚与男友分手不久后,遇上在IT(信息技术)产业工作的迷人又帅气的卡特,原以为卡特会是她梦寐以求的男友,却意外发现卡特其实是有暴力倾向的恐怖情人,并且差一点因这样的错爱而失去生命。

在错爱中走出自我:进行课题分离

爱是美好的,但当它让你失去自我时,便成了牢笼。当我们意识到自己陷入了错爱的关系时,最重要的一步就是进行课题分离。

- 如何分离自己的课题和对方的课题?

回顾自身的情感需求

在错爱的关系中,我们往往忽略了自己内心真实的需求。

比如，我们是否因为内心的空虚、缺乏自我价值感而将情感寄托于对方？或者我们是否因为过度依赖而失去自我，把对方当作自己生命中不可或缺的支柱？如果能从内心去审视自己，发现这些依赖和幻想，我们便能清楚地识别出属于自己的课题——自己的情感需求和自我认同的缺失。

理性看待这段关系的本质

我们往往会因为情感的冲动和过度的幻想把错误的关系理想化，期待未来有美好结局。

但理性思维会帮助我们站在更高的角度审视这段关系：我们是否只是单方面付出，或是否已经将自己置于一种情感的"下位"角色，或是否对方并没有为自己承担责任，甚至并未真正关心过自己？

我们如果能透过这些现实的眼光看待对方和关系的本质，便能清楚地分辨出哪些责任是属于我们自己的，哪些是属于对方的。

● **如何止损？**

从错爱的关系中走出来，止损是必须的，第一步便是面对内心的恐惧和不安。我们常常因担心失去这段情感而无法割舍，但我们必须正视一个事实：如果一直活在错爱的关系中，我们终究会失去更好的自己。那么如何止损呢？

提升自我价值与成长

逃离错爱的关系，首先要做的是增强自我价值感。这不仅是心理上的反思，更是通过实践来重新塑造自我。

例如，我们可以通过自我成长提升自我认知，学习独立与情感管理，尝试自我接纳。通过心理咨询、情感成长课程或者深度的自我反思，我们能够逐步克服自我怀疑，增强情感独立性，建立起健康的情感界限。

探索自己真正想要的关系

离开一段错爱的关系并不意味着我们要对爱情丧失信心；相反，这是我们开始了解自己真正需求的契机。

我们可以通过思考和探索问自己：我希望的关系是什么？我能给出什么？我需要从另一半那里得到什么样的情感支持？通过这种探索，我们能够明确自己在下一段关系中应当如何保持自我，并且能够健康地依赖他人。

投身于工作与兴趣爱好中

如果将自己过多消耗在错爱中的情感和精力转移到工作、学习或是自己的兴趣爱好中，我们就能够为自己创造更多的机会。

比如，有一个朋友在婚外恋的痛苦中度过了很长一段时间，直到她决定全身心投入到自己的事业中。通过专注于工作，她不仅在事业上取得了进展，还在一次重要的合作中结识了一个温暖且理解她的人。慢慢地,她放下了过往的错爱,也在这段新的关系中找到了内心的平衡与幸福。

找到替代关系

在错爱的关系中,我们往往把自己所有的情感都投注在对方身上,忽视了周围人的关心。当开始出现内心的独立性时,我们可以尝试重新建立和他人的亲密关系,无论是友情还是爱情。

学会给予自己空间,去建立不依赖于单一对象的多重支持系统,这有助于我们从错爱的旋涡中逐渐走出来,健康地分享情感与生活。

● 如何真正放手?

错爱最难的部分是放手。放手意味着我们要从内心接受这个事实:即使深深爱过,这段关系也不属于我们。

通过课题分离,我们能把焦点从"对方不对"转移到"我该如何选择",并清楚地意识到自己值得更好、更健康的爱情。

爱错了人并不意味着我们需要为此付出一生的代价。我们可以通过课题分离,理性看待自己在这段关系中的责任,学会提升自我、调整情感需求,最终在痛苦中找到成长的机会。

练习:

1. **情感独立性练习**:每天记录自己的情感需求和对方的行

为，并区分哪些需求是合理的，哪些是过度依赖的。这种方式可以逐步培养自己的情感独立性，使自己学会在关系中保持独立与自我。

2. 自我价值提升练习： 列出三项自己感到骄傲的事情，集中注意力去发现自己的优点和成就。自我反思和自我接纳可以逐渐恢复自己的内在价值感，减少依赖他人的认同。

3. 关系清单练习： 写下你理想中的伴侣以及你希望从关系中得到的东西，然后对照自己当前的关系，看看是否符合这些标准。如果不符合，思考自己是否愿意继续放弃这些需求，或是采取措施来改变现状。

通过这些练习，我们可以逐步走出错爱的情感泥沼，重新获得自我，从而理智、健康地去迎接一段更适合自己的爱情。

错爱往往并不是一开始就能意识到的。许多情感都在渐渐加深时才发现，其实这段关系并没有我们想象的那样美好。当我们意识到错爱所带来的伤害时，最重要的就是进行课题分离，勇敢地承担起自己的责任，清晰地认识到自己的情感需求和生活目标，而不是将所有的责任推给对方。

爱情是美好的，但它需要理性和独立。我们要明白，错爱并不是终点，而是重新审视自己、走向成熟和独立的开始。

3.5 婚姻中的三大话题：钱、性与孩子背后的深层差异和互动模式

婚姻的美满并非因为完美无缺，而是因为彼此能够包容不完美，彼此有足够的理解和责任感。

婚姻中的冲突往往围绕着三个核心话题展开：钱、性与孩子。这三个话题不仅涉及每对夫妻日常生活中的重大决策，还深刻影响着婚姻的长期稳定性。如果我们能够理解这些话题背后的深层原因，处理好这些问题，婚姻关系便有了更强的支撑力。

故事一：金钱观的差异

小 F 是一位年收入百万的创业者，她热衷于追求品质生活，喜欢名牌包、衣服，对自己在医美和学习上的投资也毫不吝啬。她的丈夫是一家国企的普通中层干部，年收入在 20 万左右。丈夫对她的消费观非常反感，认为她太过奢侈，而小 F 觉得自己赚钱能力强，花的是自己的钱，丈夫不应该对自己的消费观有这么多牢骚。

这种金钱观的差异反映了夫妻两人在原生家庭中对于金钱的不同认知和教育。小 F 的家人可能更注重消费和享受生活的品质，而她丈夫的家人可能更注重节俭和稳定的经济基础。在这样的差异下，夫妻难免会发生关于金钱使用的冲突。

故事二：性与亲密关系的困扰

小 X 与丈夫结婚已有两年，他们的婚姻看似稳定，却在性方面遇到了难题。小 X 一直认为，只有领证结婚后的夫妻才能发生性关系，因此婚后她才发现丈夫有性功能障碍，造成两人性生活几乎没有成功过。

随着时间的推移，家里老人开始催着生孩子，双方都非常焦虑，性变成了两人都不愿触碰的话题，夫妻之间的关系也变得异常紧张。丈夫因为性功能问题感到羞耻，不愿意寻求治疗，而小 X 认为性生活对维持亲密关系至关重要。面对无性婚姻，她感到极度失落。在这种困境中，夫妻两人都深陷"羞耻感"和"无法表达需求"的旋涡。

在这对夫妻的关系中，性变成了无法触碰的禁忌话题，这与他们各自的原生家庭背景息息相关。小 X 可能在家庭中接受了传统的性观念，而丈夫可能在成长过程中没有学会如何与伴侣开放交流，这使得两人的问题无法及时解决。

故事三：孩子的教育之争

当孩子出生后，小 Z 夫妻俩在如何教育孩子的问题上产生了剧烈的冲突。丈夫坚持"放养式教育"，认为孩子应该自由成长；而妻子提倡严格的精英教育，想要孩子在各个领域都表现得优秀。

每当孩子成绩不理想时，妻子便开始指责丈夫不作为、不关心孩子的教育问题。这些争执不仅让夫妻关系日渐紧张,还影响到了孩子的情感和心理状态。孩子感到自己永远不够好,无法达到母亲的期待,也因父母的争吵而感到愧疚,认为自己的失败是父母不和的根源。

在这个故事里,孩子的教育问题是夫妻之间产生巨大分歧的原因,而这种分歧背后也反映了父母在原生家庭中各自对教育的不同认知。丈夫可能成长于一个宽松、自由的家庭,而妻子可能来自一个追求完美和高要求的家庭。在这种差异下,夫妻关系不但无法增强,反而出现了对立和疏离。

在婚姻关系中,**金钱、性与孩子**是最常见、**最核心**的冲突来源。每对夫妻都会面对这些冲突,这些冲突不仅是表面上的冲突,还是具体的事情或行为上的冲突,更深层次的原因在于夫妻双方的信念系统、互动模式上的差异以及家庭系统中的动力问题。

在这一节,我们将从这三个方面分析夫妻之间的核心差异,探讨如何有效地处理这些差异,避免它们成为婚姻关系中的"定时炸弹"。

个人信念系统的差异:针对金钱、性与孩子三个方面的不同认知

信念系统的差异,特别是在金钱、性和孩子这些重大领域的认知差异,往往与其原生家庭的影响密切相关。这些信念和

认知会直接影响到夫妻之间的互动模式，并成为婚姻中的冲突焦点。

- **金钱：消费观与储蓄观的碰撞**

如小 F 和她丈夫的故事所示，夫妻双方对金钱的态度差异根源于他们各自的原生家庭背景。

小 F 在一个相对宽松的家庭环境中成长，可能从小接受的就是"努力赚钱，享受生活"的理念，而她丈夫来自一个更注重节俭、积蓄的家庭，对消费的观点自然与她不同。这种差异常常让双方在如何使用金钱上产生巨大分歧。小 F 的丈夫可能会觉得妻子的消费方式过于奢侈，甚至浪费，而小 F 可能认为，自己既然能赚到钱，就应该用自己的方式享受生活，并且自己并没有依赖丈夫的经济支撑。

从戈特曼教授的观点来看，夫妻之间的差异是不可避免的。戈特曼指出，约 70% 的婚姻差异是无法通过妥协解决的，因此夫妻首先需要接受这些差异，而不是试图改变对方。金钱观念的不同正是其中一种无法解决的差异。解决之道不是强迫对方改变，而是学会尊重对方的观点，找到一种彼此都能接受的平衡方式。

- **性：身体的羞耻与情感的需求**

在性的问题上，夫妻之间的信念系统差异可能表现得更加隐晦，但同样影响深远。小 X 和她丈夫的故事正是一个典型的例子。

小 X 的丈夫由于性功能障碍，未能及时接受治疗，导致夫妻之间的性生活几乎不存在。在性功能障碍的背后隐藏的是他从原生家庭中接受的性别角色观念以及对于性问题的羞耻感，而小 X 所处的家庭可能强调情感的亲密与交流，这使她对性生活有更高的期望。

在这种情况下，夫妻双方如果没有及时沟通彼此的需求与困扰，很容易陷入负面情绪的循环。性不仅是生理层面的需求，更是情感表达和亲密建立的重要方式。因此，性问题的解决不仅仅是生理治疗的问题，更多的是沟通、理解与情感的接纳。正如美国心理学博士蒂娜·B. 泰西纳（Tina B. Tessina）在《钱、性、孩子》这本书中所提到的，性在婚姻中的作用远超生理功能，它涉及双方情感和信任的建立。

● **孩子：教育理念与家庭责任的冲突**

孩子的教育是许多夫妻争执不下的重要议题。在孩子的教育观念上，夫妻双方的差异通常反映了他们对"责任"和"自由"的不同理解。

正如故事中的小 Z 夫妇，丈夫更倾向于"放养式教育"，而妻子主张"精英教育"。这不仅是一个关乎教育方式的问题，更是夫妻双方对于责任、期望和爱的认知差异。

妻子认为，孩子的成功与表现直接关系到她作为母亲的责任,而丈夫认为,过度干预和期望会给孩子带来不必要的压力。在这种情况下,双方的冲突不只是教育观念的不同,背后还隐藏着夫妻各自对于责任感的不同定义。

在处理这类冲突时,夫妻需要认识到孩子的成长不仅是父母的责任,还需要尊重孩子的独立性和个性发展。

互动模式的不同:如何在差异中找到平衡?

差异的存在不可避免,真正的问题在于如何处理这些差异。戈特曼教授认为,如何管理这些差异才是婚姻能否成功的关键。这就要求夫妻在互动模式上找到一种建设性的方式,而不是逃避或压抑情感。

● **沟通的艺术:如何有效表达需求与边界?**

在处理金钱、性与孩子的问题时,建立有效的沟通至关重要。正如美国著名婚姻与生活方式教练朱迪斯·莱特(Judith Wright)在《如何正确吵架》一书中所提到的,夫妻之间的冲突往往源于不良的沟通方式。当我们试图通过批评、责备或者冷战来表达需求时,往往只会加剧矛盾。

因此,夫妻需要学会使用"我"语句,而非"你"语句,如"我感到困惑和焦虑,因为我不理解你对钱的看法",而不是"你总是浪费钱"。

有效的沟通不仅需要技巧,还需要情感上的理解和尊重。当夫妻能够真正聆听对方的需求并为之提供支持时,冲突就能转化为关系的深化和共识的达成。

- **家庭系统的动力：改变自己，而非对方**

每对夫妻关系都是一个家庭系统。家庭系统中的每个成员都会对其他成员产生深远的影响。这种影响不仅局限于日常的互动，还包括原生家庭的影响、文化背景的差异以及个体的情感需求。

在婚姻关系中，我们常常试图改变对方，但根据家庭治疗的系统观，真正能够改变的是我们自己。每个人都可以在婚姻关系中担当起自己角色的责任，而不是将责任推给对方。我们可以改变自己对婚姻的理解和态度，从而影响和改善婚姻的质量。

在婚姻中，关键是要认清"改变自己，而非对方"的重要性。无论是金钱的使用还是性需求，抑或是孩子的教育，每一个决定都需要建立在共同愿景和价值观的基础上，而非一方的独断与强求。

金钱、性和孩子是每对夫妻关系中的核心问题。通过深刻理解夫妻双方在信念系统、互动模式以及家庭系统中的差异，我们可以更加理智地面对这些问题。

解决这些问题的关键首先是理解和分清课题分离，每个人都需要为自己的人生和选择负责，而不是试图改变对方。

正如戈特曼教授所说："70%的差异无法解决，但它们能被管理。"我们所能做的是通过建设性的沟通尊重差异，承认和尊重彼此的边界，创造一个更加和谐与稳定的婚姻关系。

婚姻的成功不在于两个人的相似，而在于两个人如何尊重和处理彼此的不同。婚姻不是改变对方的战场，而是共同成长的旅程。在这段旅程中，我们需要各自负责自己的课题，彼此支持，而不是互相指责。

练习：

1. **反思你的金钱观**：你和伴侣在金钱上有哪些认知差异？你能否理解对方的金钱观，并找到平衡点？

2. **性问题的沟通**：在你的婚姻中，性是如何影响你们的亲密关系的？你是否尝试过开放地与伴侣沟通你的需求？

3. **孩子教育的分歧**：你和伴侣在教育孩子方面的观念有何不同？你们是如何讨论并达成共识的？你们是如何通过沟通达成一致，以确保孩子在一个健康的环境中成长的？

3.6　遭遇背叛：重建信任的第一步

有多深的爱与忠诚、投入与承诺，就有多少的背叛。

——詹姆斯·希尔曼

婚姻中的背叛常常让人觉得天地崩塌。背叛不仅是失去信任，它往往带来情感的重创，让人陷入对自己、对伴侣、对婚姻的深深怀疑。

人们通常会将责任归咎于出轨的一方，认为这是对方的过错，认为他们"犯了不可原谅的错误"。

但在婚姻咨询中，我们常常会引导夫妻双方思考：为何在这段关系中会发生背叛？这个问题的目的不是让受害一方觉得自己被责备，而是通过反思这一个事件，让自己有机会成长和觉醒。

背叛，无论形式如何，都是婚姻中的一次危机，但也可能成为一种转机——通过重建信任、恢复情感，我们能够获得更深层次的理解和成长。

比如，小丽是因丈夫出轨而寻求心理咨询帮助的，她发现自己很难从痛苦中走出来。小丽在坐月子时发现丈夫有了外遇，她感到整个世界都要崩塌了：她为丈夫生下孩子，经历了孕期的痛苦与生产的艰难，换来的却是丈夫的背叛。

她无法理解，为什么他会在这样一个重要且脆弱的时刻选择背叛她。小丽常常在深夜哭泣，觉得自己付出了如此多，却遭受到了如此大的伤害。

她甚至问自己："我是不是哪里做得不够好，才让他去外面寻找慰藉？"这种内心的自责与愤怒交织在一起，深深困扰着她。

对于小丽来说，丈夫的背叛是无法原谅的，内心充满了对丈夫的不信任与痛恨。她知道，婚姻中的信任一旦破裂，修复起来就异常困难。

但她也知道，这段婚姻不能因一次错误而轻易结束，现在孩子还小，很需要父亲，自己因生孩子而放弃了工作，从现实层面来讲，似乎离婚对自己、对孩子都不是最好的选择。

她渴望找到一种方法，帮助自己从这段情感背叛中走出来，并重建她对丈夫和婚姻的信任。

婚姻中的不忠：背叛背后的心理学

婚姻中的不忠行为并不单纯是出轨方的错，它往往源于多方面的因素，牵涉到个体的内心需求、婚姻中的沟通缺失、情感疏远以及个人心理、情感与性上的不满足。背叛不是偶然发生的，它通常是长期积压的情感问题的爆发。

美国婚姻与家庭注册治疗师阿莫迪欧在《重建信任：爱情与背叛的心理学》中提到，"背叛往往不是一方的简单行为，而是两个人在婚姻中长期积累的裂痕的集中表现"。夫妻双方在情感上已经渐行渐远，双方的沟通逐渐减少，亲密感和情感的依赖减弱，会导致一方在情感上产生空虚感或渴望得到别人的关注和慰藉。此时，不忠可能成为对方逃避现实和寻求安慰的一种方式。

不忠行为不仅仅是夫妻之间的私人问题，它与整个家庭系统中的互动模式密切相关。婚姻中的背叛往往是多方面系统性问题的体现。例如，夫妻双方的沟通方式、彼此的期待甚至原生家庭的影响，都可能对婚姻中的不忠行为产生影响。

小丽的丈夫选择在她坐月子时出轨，背后可能有多重因素：一方面，丈夫可能觉得自己在婚姻中未能得到足够的关注和关爱；另一方面，婚姻中的沟通和情感疏远也可能是他做出这种行为的原因。虽然这不能为背叛行为辩护，但了解这些背后因素有助于夫妻双方冷静思考，并决定如何应对这一事件。

课题分离：从背叛到成长的关键步骤

婚姻中的背叛带来的往往是深深的创伤，令人痛苦不已；然而，背叛不仅是对婚姻的一次打击，还是一次深刻的契机，让我们有机会重新审视自己。通过课题分离的方式，我们可以在反思中找到成长的机会，学会从这段经历中汲取教训，而不是让痛苦定义我们的未来。

● **反思与接纳差异：背叛是婚姻中的信号，而非单方面的责任**

背叛的痛苦常常让人愤怒和迷茫。受害方会不由自主地将责任全部归咎于出轨的一方，认为是对方的错，自己无辜；然而，真正的挑战在于如何从这次事件中提取出有意义的反思。

背叛并不是单纯的"坏行为"，它通常是长时间内婚姻中隐性问题的集中爆发，常常是双方关系中长期积压的情感缺失、需求未满足、沟通不畅等问题的表现。

小丽的丈夫在她坐月子时出轨，她无法原谅他。不过，在痛过之后，她也开始意识到，这段婚姻中的裂痕并非仅仅由丈夫的背叛引起。

在过去的几年里，她和丈夫在情感上的疏远早已开始。她虽然忙于照顾家庭，但在情感上忽视了和丈夫的沟通，双方的亲密感日渐消失。丈夫的事业风生水起，而自己大多时间待在家里，与社会有些脱节，与丈夫之间的差异越来越大，共同语言越来越少。

她尝试去接纳彼此在生活习惯、价值观、事情处理方式上的差异，而不是把它们视为必须解决的"问题"，或者努力"改造"对方的方向。

理解婚姻中的差异，学会尊重彼此的需求，尤其是在情感表达和亲密关系上，能帮助我们更清晰地认识到：背叛不是单方面的错，而是关系中积压问题的集中爆发。

- **建设性沟通**：如何在痛苦中表达需求，而不是指责？

当面对背叛时，情绪的冲击是巨大的。愤怒、伤心、无助，一波波情绪来袭，往往让我们无法冷静地思考和表达。

想要重建信任，最重要的就是学会建设性沟通。在这种情况下，沟通不仅仅是言语上的交流，更是情感上的表达。尤其是对于受害方来说，在愤怒的洪流中找到自己的声音、勇敢地表达出内心的痛苦和需求，是走出痛苦的第一步。

我曾接过一个夫妻的案例：小雪发现丈夫出轨后非常愤怒，她不断地用指责与惩罚来回应丈夫，拒绝跟他有任何身体上的亲密，时不时地嘲讽丈夫的背叛行为。

在婚姻咨询过程中，她学会了用"我"语句来表达自己的感受，而不是直接指责丈夫。比如，她开始对丈夫说："我感到非常痛苦，我觉得我在你这里得不到足够的关注和理解。你做出这样的决定让我感到不被重视。"这种表达不仅避免了直接的责怪，让丈夫理解她的情感需求，也为丈夫提供了一个改正的空间。

这段对话中的关键在于表达自己的感受以及情感需求，而不是攻击对方。当夫妻能够通过一种非攻击性的方式表达内心的需求时，信任的修复才有可能开始。

- **建立新的信任：重建信任需要时间与耐心**

重建信任是一个循序渐进的过程，它不仅需要时间，还需要双方的共同努力。重要的是，夫妻双方要有共同的愿景和目标，通过共同的行动来证明自己的承诺。

比如，小丽在经历丈夫的背叛后，虽然心里依旧痛苦不已，但她意识到恢复信任不能仅依赖口头上的承诺，而是要通过具体的行为来证明。

她与丈夫商定，每周都要有"专属时间"，如一起出去散步、聊天，不谈工作，也不谈育儿，而是重新回到两人最初的亲密时光。因此，丈夫也开始通过实际行动减少与外界女性的接触，专注于家庭的建设。

- 建立信任还需要面对内心的恐惧和不安

受伤害的一方需要学会宽容自己，接受自己在婚姻中有过的伤痛，理解自己在痛苦中的需求和恐惧，而出轨的一方需要承担责任，并通过实际行动证明自己对关系的投入。只有双方共同努力，信任才会有恢复的可能。

- 应对婚姻中的危机：走出阴影，迎接新生

婚姻中的危机，特别是背叛带来的痛苦，是巨大的。背叛让我们感觉到信任被摧毁、情感被背离，甚至整个人生轨迹被改变。

但婚姻中的危机并非终结，而是一个重新审视、成长和修复的机会。危机后的婚姻是否能够继续，关键在于如何面对和处理危机。

以下是几个更具体的步骤和建议，帮助夫妻走出阴影，迎接婚姻的新生。

- **冷静面对现实，尊重彼此的情感需求**

在经历婚姻危机时，最容易陷入的陷阱就是情绪的爆发和无休止的争执。这种反应不仅不能解决问题，反而会加剧矛盾。在遭遇痛苦的背叛面前，冷静面对现实，给彼此时间和空间去处理情绪是至关重要的。

首先，设置冷静期。当情绪过于激动时，夫妻双方可以设置"冷静期"，避免在愤怒和伤心时冲动地做出决定。

在这个冷静期内，不涉及婚姻的决定，只是单纯地给彼此时间去处理内心的情绪。冷静期的时间长短因人而异，但一般来说，可以是几天或一周时间。

其次，尊重各自情感的独立性。虽然彼此是夫妻关系，但每个人的情感需求和愈合节奏不同。我们要允许彼此拥有自己的情感空间，避免强迫对方快速回应或做出决定。

比如，在冷静期结束后，每天给予伴侣几分钟甚至是几个小时的"个人时光"，这对于处理冲突和情绪都有极大的帮助。

最后，尝试进行深呼吸与自我同情，并且进行总结反思。在情绪波动较大的时候，不妨进行深呼吸练习，帮助自己冷静下来，减少情绪上的冲动。

你也可以每天进行短暂的反思，写下自己的感受、困惑和痛苦。反思可以逐步明确自己内心的真实需求，而不是被愤怒和痛苦所左右。

- **寻求专业帮助，开始治疗性沟通**

婚姻咨询能提供实用的沟通技巧，有效帮助夫妻解决危机中的根本问题，帮助夫妻重新建立信任。

在经历背叛后，夫妻之间的信任会出现严重裂痕，单靠自己解决可能难以恢复。专业的婚姻治疗师不仅能帮助夫妻更好地理解彼此的内心世界，还能帮助夫妻建立健康的沟通模式，从而为重建信任奠定基础。

婚姻咨询可以了解彼此情感需求的深层原因，学会如何有效表达自己的痛苦、需求与愤怒，而不是一味地指责和攻击。婚姻咨询可以帮助夫妻理解，"我对这段关系的需求是什么？"以及"我如何表达这些需求才能得到想要的回应？"

在专业咨询师的帮助下，夫妻可以尝试做一些情感修复的练习，如每周定期进行情感沟通练习，在没有中断和干扰的情况下，分享内心的想法和情感。这些练习可以帮助双方逐渐学会如何在不批评对方的情况下表达自己。

- **共同设定新的关系目标，创建健康的夫妻愿景**

重建信任的过程中，最重要的是明确婚姻中的新目标和共同愿景。这不仅仅是为了消除背叛带来的痛苦，更是为了让双方在经历危机后能够更有信心地走向未来。

设定明确的目标和愿景能为夫妻关系提供方向，也能让两个人的努力和期望更加聚焦。双方可以坐下来，坦诚地讨论自己的未来目标——不仅是个人的职业或生活目标，还包括婚姻和家庭的目标。

比如，你们可以讨论：接下来的几年里，希望婚姻中的亲密感如何提升？希望建立怎样的沟通模式？哪些方面是两人都愿意共同努力的目标？

另外，在设定愿景时，夫妻双方需要一起讨论和厘清一些基本的价值观。例如，对于婚姻忠诚的定义、彼此对家庭的期望、如何共同承担育儿责任等。明确了共同的价值观后，夫妻可以通过实际行动，逐步改变那些曾经导致危机的行为模式。

为了确保双方始终朝着共同的目标努力，夫妻可以每个月进行一次关系"体检"。在这个过程中，双方可以分享自己在关系中的感受、困扰以及对未来的期待。这种定期的交流有助于避免关系中的隔阂，也有助于关系的不断深化。

遭遇背叛是婚姻中的重大危机，但也是一个让夫妻双方有机会反思自己、反思婚姻的契机。通过课题分离的方式，夫妻可以从中学到更多关于自己、关于伴侣、关于信任的宝贵经验。

背叛并不意味着结束，它可能是重新开始的起点。在背叛面前，受害方可以选择宽容与原谅，出轨方可以选择承担责任和改正错误。最终,婚姻的修复需要双方共同努力,而重建信任。

信任是婚姻的基石,背叛是对这块基石的挑战,但信任的重建能让这段关系更加坚固。

练习:

1. 情感冷静期:如果正在经历婚姻危机,你和伴侣可以设定一个"冷静期",给彼此一定的时间空间来冷静思考。冷静期过后,尝试记录你们各自的感受和需求,并在心平气和时进行交流。

2. 情感反思:回顾自己过去在婚姻中的行为,是否有过忽略对方需求、缺乏沟通的情况?如何在未来避免这些问题?

3. 建立信任的行为:想一想,过去你们是如何失去信任的?现在你可以做什么小改变来重新建立信任?写下一个小的行动计划,每天做一件具体的事情来恢复信任。

4. 未来愿景规划:与伴侣一起坐下来,明确你们对婚姻未来的期望,一起设定短期和长期的关系目标,并商讨如何一起努力实现这些目标。

第 4 部分　亲子关系中的课题分离

　　你是否曾在一通电话后心情沮丧，觉得自己总是在满足父母的期待，却忽视了自己的需求？

　　你是否曾因孩子的一句"你不懂我"而心情沉重，却又无从开口去表达自己的痛苦？

　　当你成为父母时，你会发现自己不仅要承担起抚养孩子的责任，还要忍受父母对你"教育"的干预；而当你回望自己的父母时，你会发现自己不知不觉地又回到了那张无形的"孩子椅"上，依然在回应他们的期待和要求。

　　亲子关系中的这层纠结像一张网，束缚着我们，让我们不断在父母和子女的角色之间摇摆不定。

　　当界限模糊、责任不清时，我们的人生就像在两条轨道之间徘徊。我们可能在父母和子女之间找不到清晰的边界，既要做"好"父母，又要做"听话"的子女，最终忽略了最重要的——自己。我们可能发现，自己在为父母的期待而活，也为孩子的未来而奔波，却从未真正问过自己：我希望什么？我的感受又在哪里？

在亲子关系中，界限不清与课题无法分离往往是我们感到困惑、压力和痛苦的根源。这种界限的模糊，尤其在父母与长辈、父母与子女之间的互动中，往往导致情感绑架、过度干预、期望施压等问题，不仅让我们感到身心疲惫，还可能阻碍我们的个人成长和家庭和谐。

已经成年并且养育了孩子的我们都是"父母的孩子"，也是"孩子的父母"。这个身份的双重性使得我们在亲子关系中不断面对两种不同的角色：作为子女，我们会受到父母的影响和期望；而作为父母，我们也有责任帮助自己的孩子成长。

在传统的家庭模式中，父母可能会把自己的情感、期望和价值观强加在子女身上，而作为子女的我们，往往也未能建立起清晰的边界感，难以在父母的影响和自我独立之间找到平衡。

这一部分的内容可以帮助我们厘清亲子关系中的这些复杂情感与责任边界，让我们找到应对冲突、设置界限的有效方法。

我们将从几个核心话题入手：父母对我们人生的过度干预，父母情感绑架带来的困扰，以及在代际沟通中如何实现课题分离和责任划分。通过这几个话题，我们不仅能厘清自己作为子女的责任，还能从父母的角度思考如何更好地在孩子的成长中发挥作用。

在这一过程中，亲子关系的"角色递进"是我们必须清晰认识的。我们每个人都在不同的生命阶段扮演不同的角色：首先，我们是子女，面对父母时，我们需要厘清自己的情感边界，避免父母的情感绑架和传统观念的束缚。其次，我们成为父母，需要在教养孩子时摆脱过度保护和控制，给孩子创造自由成长的空间。尤其是在沟通和责任分配上，我们需要清楚地划分哪些是我们该承担的责任、哪些是孩子应该独立面对的挑战。

通过本部分的学习，我们希望能帮助读者从这些情感和责任的纠葛中走出来，使其不仅能改善与父母的关系，还能在成为父母之后，保持自己的独立和自由，走出一条健康的育儿之路。

课题分离不仅可以帮助我们更好地与父母和孩子沟通、互动，构建和谐的家庭关系，还可以帮助我们在面对父母与孩子的期待的同时兼顾个人成长和自我实现，找到二者之间的平衡。

4.1 "这是为你好"：如何打破父母情感绑架，走出自己的路

爱是无条件的，还是一种控制？每个人都渴望被爱，尤其是来自父母的爱；然而，有时候我们会发现，这种爱的背后其实有某种被强加的期待，甚至让人感觉这背后有某种令人窒息的控制。

当父母说"这是为你好"时，它听起来像是一种爱的表达，但我们却不自觉地感到某种压抑。小良的故事或许能帮助我们更好地理解这一点。

小时候，小良常常听到母亲在耳边唠叨："这是为你好。"

每当小良穿上漂亮的裙子和小伙伴们一起外出玩耍时，母亲就会语重心长地劝告她："女孩子不要只注重外表，最好穿得普普通通，这样才不会太显眼，才不会被坏人盯上，这是为你好。"

放学后，当她想去朋友家玩时，母亲会严厉禁止："别人会影响你学习，放学后马上回家做作业，这是为你好。"

上了高中，小良决定住校，母亲却说："在家住可以多学习，这是为你好。"即便是大学专业的选择，母亲也替她做了决定，连工作和相亲对象都是母亲安排的。

每一次，小良都听母亲的，尽管她的内心感到了一种无法

言喻的压抑，生活似乎越来越与她自己无关。

她感觉自己像一个木偶，被母亲的"为你好"拉着走，而每次她试图表达自己的真实想法时，母亲的一句"这是为你好"便堵住了她的嘴巴。

渐渐地，小良开始明白，自己的人生似乎越来越远离了自己的渴望，活得越来越不快乐，但她依旧没有勇气去反驳母亲，因为母亲的每一句"为你好"都似乎让她无法找到反驳母亲的理由。

● "为你好"背后的心理动力

在小良的故事里，母亲的行为呈现出一种典型的"情感绑架"。

她实际上是将自己未完成的愿望强加给小良，以为这样做是为了她好。母亲并没有尊重小良的选择，甚至从未尝试去了解她真正的需求和愿望。母亲的情感绑架背后是母亲自己未能完成的生活理想和梦想，她将这些"遗憾"寄托在了小良身上，逼迫她按照自己设定的轨迹走。

这种未满足的愿望不是小良的课题，而是母亲的课题。母亲的控制欲和强加的爱让小良无法做自己，始终生活在母亲期望的影子下。

母亲总是以"为你好"的名义来控制小良，她的行为并非出于恶意，而是一种深植内心的信念。这种信念根植于她自己的成长背景、社会观念以及自我价值的认同方式。

母亲的"为你好"背后隐藏着一种深刻的自我牺牲观念：她认为，只有不断地为孩子付出、牺牲自己，才是她作为母亲的价值。

当母亲不断对小良说"这是为你好"时，实际上，她可能在用这种方式满足自己内心的需求——通过付出和牺牲来证明自己的价值。

母亲的牺牲背后或许还有一种深深的焦虑：如果她没有为孩子做出牺牲，自己在家庭中的价值是否就会减少？她的价值是否仅仅来自为他人的付出，而非作为一个独立个体的存在？这种低价值感可能源自她对自我认同的缺失，迫使她将自己的身份完全寄托于母亲的角色上，牺牲自己的愿望和需求，换取他人的依赖和肯定。

另外，母亲的行为还可能来源于她内心一个更深层次的需求——建立自己的"伟大母亲"形象。她希望通过无微不至的照顾和"为你好"的控制来塑造这种形象，从而得到社会的认可和家庭的依赖。

这种"伟大母亲"的形象甚至带有某种"自我欺骗"的成分。母亲可能并未意识到，她的控制与付出并不一定能够给孩子带来真正的幸福，反而可能造成孩子的情感压抑和自我迷失。母亲的"为你好"常常无法看到孩子的真实需求，这背后是她自己对完美母亲形象的强烈渴望和对自我价值的不安。

在这种情感绑架的过程中，母亲对孩子的控制也源于一种无意识的恐惧。她可能害怕失去对孩子的控制，担心孩子会脱离自己，甚至感到孤独和不被需要。母亲实际上是通过控制孩子的生活来维护自己在家庭中的地位与角色。她对孩子的控制不仅仅是出于爱和保护，更是她对自己不安的回应。

在这种情况下，母亲的"为你好"变得扭曲，因为她无法看到孩子的独立性，也没有意识到自己强加的期望对孩子心理的负面影响。她未曾学会区分"为自己好"和"为孩子好"，这种情感的交织及混淆阻碍了母亲和孩子之间真正的相互理解与尊重。

那么，孩子为什么会顺从呢？

首先，孩子相信母亲的爱，相信她说的每一句"为你好"都是真心的；其次，孩子处于弱势地位，母亲是权威，是在成长过程中最初的情感依附对象，孩子天然地会去认同权威，特别是在自己还没有独立自我意识的时候；最后，孩子的顺从能够带来短期的情感安慰——当母亲开心时，孩子也会感到满足，尤其是在孩子内心对这种控制有疑问时，顺从会减轻内心的冲突和痛苦，甚至会因此获得某些回报。

- **情感绑架的隐性方式**

情感绑架不仅仅局限于直接的"为你好"式控制，它往往更加隐性和复杂。父母可能通过"牺牲自己""我为你付出了多少""你不懂我的心"这样的情感绑架方式,让孩子感到愧疚和负担。

例如,父母会说:"我一生为你做了那么多,你怎么能这么对我?"这类言语表面上是爱的表达,实则是在操控孩子的行为和情感。

父母无法区分"为孩子"与"为自己"的界限时,往往会把自己未实现的愿望强加给孩子。这种行为背后往往隐藏着一种"角色替代"的心理需求。父母可能在自己的人生中感到失落,将未能完成的梦想和遗憾寄托在孩子身上。在此过程中,父母可能没有意识到,自己将孩子视为完成自己愿望的工具,而不是独立的个体。

心理学家卡尔·荣格提到,"父母往往在不自觉中将自己的未解之结传递给下一代"。这种传递往往表现为父母期望孩子实现他们未能完成的目标,或者强加自己的理想和选择,忽视了孩子本身的兴趣、需求和成长路径。这样的父母并没有意识到他们的行为实际上是在干扰孩子的人生,而非帮助孩子。

当父母无法明确区分自己的需求和孩子的需求时,他们的情感绑架就会变得更加隐性和复杂。孩子可能在不知不觉中就被迫承担了父母未完成的梦想和情感负担,而这份负担往往让孩子无法真正表达自我和做出独立选择。孩子往往会在长时间的顺从和压抑中失去自己的声音，从而感到迷茫和无助。

情感绑架的隐性方式会侵蚀孩子的独立性，让他们难以区分哪些是自己应当负责的、哪些是父母未完成的课题。

● 如何避免陷入情感绑架，走出自己的路？

如何避免陷入情感绑架，打破这种不健康的亲子关系呢？

作为孩子，我们要意识到，父母的"为你好"并不意味着必须按照他们的期望去生活。我们需要学会区分父母的课题与自己的课题，认识到自己有权利为自己的人生选择方向。我们可以从父母的期望中抽离出来，明确自己的需求和目标，勇敢地表达自己的想法。

> 情感绑架往往会让我们陷入父母未满足的愿望和期望，但幸运的是，这并不是我们注定要忍受的命运。

走出情感绑架，首先要意识到自己有权力和责任为自己的人生做出选择。以下是几个有效的策略，能够帮助你打破情感绑架，走出自己的路。

第一，学会界定自我与他人的界限。 在面对父母或他人时，我们首先需要意识到，自己的需求、想法和责任与父母的期待是有界限的。每个人都有自己的生活，而父母的期望、未实现的梦想和情感需求并不应该成为我们的负担。

这意味着我们需要学会清楚地分辨哪些是自己应该承担的责任、哪些是父母的期望。课题分离的关键在于只有明确这些界限，才能够真正找到属于自己的生活道路。

例如，当父母希望我们按照他们的意愿选择职业或伴侣时，我们可以温和地表达自己的感受，明确地告知他们我们的选择，并尊重自己的需求。与父母沟通时，我们应避免使用指责和批评，而是使用"我"语句表达感受，如"我明白你为我考虑，但我有不同的想法和目标，我希望你能理解我的决定"。

第二，增强自我认知，了解自己的需求。很多时候，无法摆脱父母的期望是因为我们自己没有完全意识到自己的需求。父母往往会无意中代替我们做出选择，因为他们认为自己比我们更了解我们。走出情感绑架，首先需要自我反思，了解自己真正想要的是什么。

例如，我们可以通过写日记、冥想、心理咨询等方式深入探讨自己的内心，问问自己：我真正想要什么？哪些是我内心的声音，哪些是父母的声音？我希望自己过什么样的生活？

第三，学会为自己的选择承担责任。当学会为自己的选择负责时，我们就能够走出情感绑架的阴影。父母的"为你好"背后其实有控制和依赖的心理，而当我们独立做出选择时，父母可能会感到失落或担忧，但这并不意味着我们的选择是错误的。

承担责任的过程就是成长。无论是职业、感情还是生活中的其他选择，我们都需要承担责任，这也是自我实现的一部分。接受自己有能力做出选择，并且承担这一选择所带来的责任，是突破情感绑架的关键。

第四，逐渐提升与父母的沟通技巧。在处理情感绑架时，如何与父母进行有效的沟通至关重要。很多时候，情感绑架的源头并不是恶意的控制，而是父母对孩子的深切关爱与无所不知的"信任"。因此，沟通的核心是建立在相互理解和尊重之上的。

◆ **明确自己的需求**：与父母沟通时，我们可以使用"我"语句表达自己的需求和想法，而非单纯的反驳。例如，"我知道你希望我能做这个决定，但我现在有其他的想法，我想去探索一下我的兴趣"。

◆ **保持冷静与耐心**：有时候，父母可能并不会马上理解或接受我们的选择。此时，我们需要保持冷静，耐心地向他们解释，告诉他们这对我们的成长至关重要，并且用实际行动证明我们的选择是合理的。

第五，建立自我价值感，减少依赖。情感绑架往往源于我们内心的依赖感，尤其是当我们觉得只有通过顺从父母才能得到他们的爱和认同时，我们很难摆脱这种控制。要走出情感绑架，我们首先就要学会独立，自信地看待自己的价值，而不是把自我价值与父母的认同捆绑在一起。

我们可以通过自我成长、设定并实现个人目标、与他人建立支持性关系等方式来提升自我价值感。当不再依赖父母的评价和认同时,我们就能摆脱这种情感绑架,走出自己的路。

情感绑架常常以"为你好"为名,将父母未满足的愿望强加给孩子。无论是显性的控制还是隐性的情感绑架,都让孩子迷失在父母的期望中,无法活出自我。

打破情感绑架的第一步是认识到父母的愿望属于他们的课题,而我们的愿望才是自己的责任。只有明确界限、尊重自己内心的声音,才能够真正走出自己的路,过上自主独立的生活。

练习:

1. **自我觉察练习**:回想一次父母"为你好"却让你感到不自在的经历,试着写下自己真实的感受。你的感受是什么?你有没有为此妥协?如果有,你可以如何重新定义自己的边界?

2. **沟通练习**:选择一个与父母的沟通场景,练习用"我"语句表达自己的感受,如"我感觉自己需要更多的自由去做决定,我希望你能理解并支持我的选择"。

3. **情感分离练习**:列出父母对你提出的几项期望,尝试区分哪些是他们的期望,哪些是自己的责任。对属于自己的部分,写下你如何去承担;对属于父母的部分,写下你如何帮助自己与他们的期待保持健康的距离。

通过这些方法，你可以慢慢打破情感绑架，重新找回属于自己的生活。

4.2 不结婚不等于不孝顺：如何摆脱传统观念的束缚

在中国，结婚生子曾经被视为成人的"必修课"，是一个人完成"人生大事"的标志；然而，随着社会的变迁和价值观的多元化，越来越多的年轻人开始选择不同于传统的生活方式——晚婚甚至不婚和不生育。

面对父母的催婚催生，许多人感到困惑和压力，认为自己不结婚、不生子就意味着对家庭的"不孝"，甚至是对传统文化的不尊重；然而，结婚生子始终是个人的选择，而非外部标准。

社会的进步和观念的转变

值得注意的是，社会的进步和观念的转变已经逐步改变了婚姻的意义。根据 2023 年中国婚姻与家庭调查数据，北上广深等一线城市的结婚平均年龄逐渐上升：男性约为 29 岁，女性约为 28 岁，尤其是在大城市，越来越多的年轻人选择晚婚。

随着社会的变化，婚姻的功能和价值也发生了转变，不再仅仅是家庭的必需品。现代人不再把婚姻视为唯一的社会认同方式,也不再把它当作经济保障、孤独的解药或性满足的唯一途径。

婚姻逐渐从"必须"转变为"选择"。在这种背景下,选择不婚、晚婚或者丁克(无子女婚姻)成了一种常见的社会现象。

追求独立与自由

随着社会的开放和信息的快速流通,现代人更加注重个体独立和自我实现。人们渴望享受自己选择的生活方式,无论是职业发展、旅行探索还是兴趣爱好,都不再受到婚姻和生育的约束。

在这一代年轻人中,越来越多的人开始觉得,"婚姻"不再是每个人都必须追求的终极目标,反而是人生中需要慎重选择的一部分。

婚姻已经不仅仅意味着"找一个伴侣一同度过余生",它更像是个人愿景的一部分。

有些人选择不婚,追求自由自在的生活;有些人选择丁克,认为养育子女的责任沉重,不希望自己的生活受到束缚。这并不意味着他们缺乏责任感,而是他们在婚姻与生育的问题上拥有更加清晰和个人化的选择。

现代婚姻的价值观变化

现代婚姻的价值观已经发生了很大的变化。人们不再仅为了结婚而结婚,也不再为了"将就"而进入婚姻。

在过去,婚姻常常是社会对个人的期待,或许也有某些经济上的考虑,如稳定的收入、双方的家庭支援,或者是解决孤独的终极方法,然而,随着社会发展和个人意识的觉醒,现代人对于婚姻的理解已更加多元和深刻。

尤其是对女性来说,婚姻不再是社会赋予的"责任"或者"义务"。许多女性开始关注自我实现,婚姻也被视为一种可以选择的生活方式,而非必须的终极目标。

美国记者丽贝卡·特雷斯特(Rebecca Traister)在她的著作《我孤单,我的自我:单身女性的时代》中讨论了现代女性选择单身的价值,她认为,这并不代表对家庭的拒绝,而是一种对自己人生选择的尊重。

如何看待"孝顺"与"婚姻"之间的关系?

在传统观念中,"不结婚不生子"常常被视为"不孝",甚至被认为是对家庭、对社会的不负责任。尤其是面对父母的催婚催生,很多人感到左右为难;然而,这种"孝顺"观念过于狭隘,它仅仅以父母的期望为衡量标准,忽视了每个人对婚姻和家庭生活的独立选择。

婚姻和生育是个人生活的选择，并非"孝顺"的标准。结婚与否、生育与否并不能定义一个人是否孝顺。孝顺的核心是对父母的尊重和关爱，而非按照父母的期待去生活。

在当今社会，孝顺的表达方式有很多种，不必局限于传统的婚姻生育模式。选择不婚并不等于不孝，选择丁克也不等于不负责任。每个人都有权选择自己的人生道路。

婚姻与生育所带来的责任不容忽视，尤其是对于那些选择婚姻的人来说，这意味着要承担对伴侣、子女以及家庭的责任。对于不想结婚或不想生育的人来说，他们需要清楚地认识到，自己做出选择就意味着要承担这一选择所带来的后果——既包括来自父母和社会的压力，也包括自己内心的平衡。

无论选择何种生活方式，都要勇于承担责任，因为这才是尊重自我的表现。

选择自由，勇敢承担责任

现代社会鼓励多元化的生活方式，婚姻和生育不再是每个人必须走的道路。每个人都有权根据自己的需求和生活状况做出选择，无论是选择不婚、晚婚还是丁克，都不应被视为不孝或不负责任。

父母的催婚和催生往往源自他们未能完成的个人期望，这属于他们的课题，而不是我们必须承担的责任。

我们有责任学会区分自己的选择与父母的期待，理解哪些是我们自己的课题、哪些是他们的期望，进而做出对自己最合适的决策。最重要的是走自己的路，勇敢承担自己的选择所带来的责任。

在婚姻和生育的选择上，我们应当明确：结婚和生子如果能够带来内心的满足与幸福，就是美好的选择；如果选择单身或者不生育，这同样是一种自由，并没有错。

每个人都有权在自己的生活中做出选择，并勇敢地承担选择所带来的责任。这种自由并非逃避责任，而是明确自己的课题，尊重自己的意愿，走出一条属于自己的路。

在面临父母催婚的压力时，我们首先要认识到婚姻与生育是个人的选择，而非社会强加的责任。现代社会对于婚姻和家庭的价值观已经发生了变化，婚姻不再是唯一的生活目标，晚婚、不婚或丁克都是可以理解的选择。

最重要的是，不要让传统的婚姻观念束缚了你的生活，要勇敢地做出选择，并承担选择所带来的责任。只有尊重自我才是对父母最好的孝顺。

练习：

1. **自我选择练习**：列出你对婚姻和生育的看法，并与父母的期望进行对比。思考自己是否真正理解了这些期待背后的原因，并决定你自己想要什么样的生活。

2. 沟通练习：如果你正面临父母的催婚压力，尝试以尊重的态度表达自己的立场和选择，讲述自己的生活目标和追求，表达出对自己生活方式的负责。

3. 情感反思练习：回顾你过去是否因父母的期望而做出过妥协，思考当时的心理状态和背后的动机。现在，思考如何在未来做出更符合自己内心的决定。

4.3 "你怎么那么不懂我"：沟通障碍背后的课题分离

在很多成年子女与父母的沟通中，存在着一种常见的现象："你怎么那么不懂我？"这句话无论是在家庭聚会中还是在日常生活中的对话里，似乎都不止一次地从子女口中说出。

这种沟通障碍的背后，除了代际差异、文化差异以及个性差异，还涉及深层次的课题分离问题。很多时候，父母无法理解我们并非因为他们不爱我们，而是因为他们无法理解我们的处境、心理状态或生活困境。

这种无法沟通、无法理解往往源自一个更深层次的难题：父母的期待与自己的需求相矛盾。

我们渴望被理解，却常常不得其法，**让自己即使被关爱仍然感到孤独**。要解决这一问题，我们就必须清楚地认识到：在沟通的过程中，很多时候，我们需要学会分清自己与父母的课题，接受他们无法理解我们的局限性，同时要尊重自己的感受与选择。

成年的自己渴望父母的理解

回顾我们与父母的关系，从小到大，每个人都渴望被父母懂得与理解，尤其是在我们逐渐成长为成人时，渴望被父母理解的愿望往往越发强烈。

父母看似无条件的爱背后却往往附带着他们对我们生活的预期和价值观。随着年龄的增长，我们发现自己有更多的个人思想和生活方式，然而父母可能依然坚持他们对我们的设定。这种差异常常成为沟通的巨大障碍。

很多时候，父母的传统观念与我们的个性和生活追求会产生摩擦。比如，父母仍然期待我们能够拥有一份稳定的工作，然后结婚生子，而我们可能更倾向于追求自己的事业、生活自由或选择晚婚不育。这种差异往往让我们感到父母不理解我们，感到父母不尊重我们的选择。

例如，像我在咨询中遇到的小芳，她希望父亲能理解曾经在学校遭遇的霸凌带给自己的伤害，但是每当她尝试与父亲沟通时，父亲总是训斥她，并告诉她"不是什么大不了的事"，或者"你不愁吃、不愁穿，怎么会抑郁？"这种不理解让小芳感到深深的失望，甚至让她觉得与父亲的沟通无望，慢慢地不再表达自己的内心感受，认为父亲无法理解自己的痛苦。

父母与孩子之间的代沟往往让这种情感的隔阂更加深重。父母往往希望我们健康、快乐、平安，但他们却很难理解我们内心的世界。

尤其是很多父母的知识层次、文化背景以及个人经历都与我们今天所面临的时代相差甚远，因此在很多生活中的选择上，他们的认知和反应可能远远滞后于时代。

课题分离的核心理念在于：我们要理解并接受父母的局限性，也要学会尊重自己的内心与需求。父母无法完全理解我们，不是他们不爱我们，而是因为他们未必具备我们所需要的经验与视角。

因此，重要的并不是追求父母完全理解，而是我们能否理解并接受他们的局限性，在此基础上找到自己的方向。

那么，当父母无法理解我们时，我们该如何应对呢？

面对父母无法理解的局面，我们往往会有愤怒、无奈或自我怀疑的情绪。如果一味地期待父母的理解或是不断努力去解释自己的内心，却没有得到回应，我们可能会感到情感上的空虚与挫败。

在这种情况下，真正的挑战在于如何管理自己的情绪，接纳父母无法理解我们的事实，并且学会如何在困境中为自己建立边界，保护自己的内心空间。

- **理解父母的局限性**

父母无法理解我们的痛苦、生活困境或情感需求，往往是因为他们的经历与我们大相径庭。我们必须认识到，父母那一代人的教育、成长背景以及他们对于婚姻、事业、情感的理解，都有与我们截然不同的视角。因此，我们需要学会去理解他们的局限性，并且认识到他们对于某些事情的看法和反应并不一定代表对我们感情的缺失。

例如，父母可能因为自己的经济困境，无法理解我们在感情方面的困扰。他们可能会用"不要那么矫情，赚钱更重要"来回应我们的情感需求，甚至用钱来代替情感；然而，我们如果能站在他们的角度去看待问题，就能更加宽容地接纳这些回应，不会因父母的不理解而过于自责或焦虑。

- **适当设定边界**

在沟通的过程中，很多时候我们不能指望父母完全理解我们的选择和感受，因此我们必须学会设定健康的心理边界。

边界的设定意味着我们能够明确自己和父母的责任与角色，不把父母的情感需求和期望完全内化为自己的负担。

例如，当父母对我们施加过多期望时，我们可以平静地表达自己的想法："我知道你关心我，但我有自己的生活方式和目标，可能与你们的期待不完全一致。"这不仅能有效减少冲突，也能让父母了解我们并不希望被情感绑架，而是希望在尊重彼此的基础上保持良好的关系。

作为父母，如何理解孩子？

当我们成为父母，同样会与孩子之间产生代际差异：孩子往往会觉得父母无法理解自己，尤其是青少年常常会感到父母无法真正理解他们的内心世界。这种沟通障碍不仅仅是代际的知识差距，更多的是情感认知上的差异。

例如，很多父母无法理解孩子对电子产品的依赖，或是孩子对二次元、游戏等兴趣的热衷。在这种情况下，父母往往会采取排斥的态度，认为这些事情不重要是不务正业的表现，但父母不试图去了解孩子的兴趣，或者表现出过于强烈的排斥情绪，反而会加剧与孩子之间的矛盾。

- **倾听与好奇心**

父母要学会倾听孩子的想法，而不是一开始就否定。父母要尝试带着好奇心去接触孩子的兴趣，了解他们的想法和感受。例如，如果孩子喜欢玩某款游戏，父母可以尝试了解这款游戏的内容，甚至尝试与孩子一起玩。这种方式不仅可以增进父母与孩子之间的情感联系，还可以帮助父母更好地理解孩子的心理需求。

- 尊重孩子的独立性

孩子进入青春期，开始逐渐建立自己的独立性和人格。这时，父母更需要理解孩子并尊重他们的成长轨迹。父母不应将自己的价值观强加给孩子，而是要让孩子拥有一定的选择空间，并尊重他们的决定与选择，即使这些选择与父母的期望有所不同。

- 蹲下来，向孩子学习

在与孩子沟通的过程中，父母往往用成人的视角和经验去理解孩子的需求与行为。父母这种"俯视"式的思维方式虽然可以给孩子提供指导，但会给孩子带来忽略他的独特视角与感受。正因如此，有时父母需要采取一种不同的姿态——蹲下来，向孩子学习。

蹲下来，意味着父母要暂时放下权威与经验，以平等、谦逊的心态去倾听孩子的声音，观察他们的需求。在这个过程中，父母不再是那个拥有所有答案和权威的人，而是一个学习者，带着好奇心和尊重试图真正了解孩子的内心世界。

比如，孩子迷恋一款电子游戏，父母可能会感到困惑或反感；然而，如果"蹲下来"去了解这款游戏的内容、玩法和孩子在其中的角色，父母就可能会发现孩子从游戏中获得了成就感、社交互动，甚至释放压力的机会。

通过这种方式，父母不仅能够了解孩子的兴趣和思维方式,还能增强与孩子的情感联结。当父母不再是居高临下的批判者,而是以平等的态度与孩子交流时,孩子就会感到自己被理解与被接纳,从而更愿意与父母分享内心的世界。

代际传递:如何打破关系模式的强迫性重复?

很多时候,父母与子女之间的沟通障碍并非偶然,而是代际传递的结果。父母曾经经历过的痛苦、失落与情感创伤很容易以一种潜移默化的方式传递到下一代身上。孩子在与父母的关系中,往往会模仿、复制甚至反向对待父母的行为模式。

例如,父母曾经在成长过程中经历了情感的压抑与忽略,可能在对待孩子时无意识中依然维持着一种不够温暖、不够接纳的态度。这种潜在的情感冷漠可能会导致孩子在成年后也容易感到孤独、缺乏情感支持,甚至在自己的亲密关系中再度重现这种冷漠模式。

或者,父母因为自己未能处理好的情感问题,常常无意识地将焦虑、不安、强烈的控制欲等情绪投射到孩子身上,导致孩子在成长过程中承受过度的压力。

这种代际传递的情感模式有时会强迫性重复,给孩子的成长带来非常多负面的影响。

如何打破这种代际的强迫性重复呢？

● **认识与觉察是打破强迫性重复的第一步**

要想打破代际传递的循环，首先需要觉察到这种模式的存在。很多父母并未意识到自己行为中的潜在问题，因此不能自觉地改变。回顾自己的成长过程，思考自己曾经经历的情感创伤与父母的相处方式，能够帮助我们更好地理解自己现在的行为模式。如果发现自己在与孩子或配偶的关系中无意间重复了曾经的情感创伤，那么这就是自我觉察的第一步。

例如，如果一个人在成长过程中一直感到父母对自己不够关注，可能在面对自己的孩子时，也容易采取忽视孩子情感需求的态度。意识到这一点，就可以帮助父母开始做出改变，避免将未解的情感创伤传递给下一代。

● **改变内在信念和情感反应**

打破代际传递不仅需要改变行为，还需要深层次地改变内在信念和情感反应模式。父母与孩子的沟通模式往往是由早期生活中的情感经验塑造的。如果我们从小缺乏情感支持，可能会内化为"我的情感需求不重要"这样的想法，这种想法会影响到我们对待自己和他人的方式。

要改变这种反应模式，首先就要重新定义自己与他人的关系。例如，通过反思，父母可以逐渐意识到，自己并不是不配得到爱与关注的，孩子也有独立的情感需求，他们的情感同样值得被尊重与关注。情感修复的过程需要耐心与自我接纳,它要求父母在面对孩子时不再用过去的情感伤痛去反应,而是以更加健康、开放的心态来回应孩子。

- **代际修复的行动法则**

最后,代际传递的打破不仅仅需要情感觉察,更需要实际的行动。以下几个方法可以帮助父母在日常生活中打破代际传递的重复:

◆ **沟通练习**:父母可以主动与孩子进行情感交流,分享自己成长中的感受与困惑,让孩子理解父母也是有情感需求的。

◆ **情感表达**:通过肢体语言、言语与行为表达对孩子的关爱,避免冷漠和忽略。

◆ **心理辅导**:如果情感创伤较深,父母可以寻求专业的心理辅导,帮助孩子修复与父母关系中的情感创伤,减少不良情感模式的影响。

◆ **正向反馈**:鼓励孩子表达自己的情感与需求,并给予正向的反馈和回应,让孩子感受到被理解和支持。

通过这些方法,父母不仅能够避免将自己的情感创伤传递给下一代,还能够帮助孩子建立更加健康、积极的情感模式,打破强迫性重复,走出代际传递的阴影。

练习：

1. 自我表达练习：当与父母或亲密的人沟通时，试着用"我"开头表达感受。例如，"我感到失望，因为……"而不是"你总是……"，观察这种方式带来的沟通变化。

2. 倾听与共情练习：每当父母或他人表达意见时，先停下来反思他们的情感需求是什么，而不仅仅是你对话题的反应；尝试用自己的语言总结他们的感受。例如："我听到你说的是，你感到担心……"试试这种共情回应是否能带来更顺畅的沟通。

3. 反思父母与自己互动的情感模式：花时间回想和父母相处的情感记忆，反思是否有一些特定的行为模式或情感表达方式（如批评、忽视、冷漠等）反复出现，记录一下这些回忆，思考这些父母的情感模式是如何延续到你的生活中的。你是否会无意识地重复这些行为？如果有，试着找到新的、更健康的行为模式来替代。

4.4 "谁该来照顾孩子"：父母与长辈的责任界限

在许多家庭中，孩子的养育责任常常成为婆媳之间矛盾的焦点。尤其是当父母与长辈对于孩子养育的角色界定模糊不清时，问题就会变得更加复杂。

许多新手妈妈会因为自己的婆婆既不出钱也不出力，当自己在孩子的养育上遇到困难时,还不能得到足够的支持和理解,而非常愤怒。她们觉得婆婆理应帮忙照顾孩子,甚至认为婆婆应该承担更多的责任。

此时,这个矛盾的根本在于家庭成员之间的责任界限没有得到有效的界定。

- **养育孩子是父母的责任**

养育孩子最基本的责任属于父母,而不是其他家庭成员。父母是孩子最初的教育者和养育者,负责给予孩子保护、关怀、陪伴以及情感的支持。这是父母与孩子之间最深刻的责任纽带,无法代替或转嫁。婆婆和公公等长辈可以在这一过程中提供帮助与支持,但责任依然应由父母来承担。

这种责任不仅是生理上的照顾,更多的是情感、心理和教育上的责任。新手妈妈可能会面临产后的生理恢复、心理适应等压力,但这些不应该成为推卸责任的借口。父母的角色并非可有可无,长期缺席的养育会影响孩子与父母之间的情感联结,也会影响孩子的心理发展。

- **隔代养育的利与弊**

隔代养育是指由祖父母代替父母照顾孩子,这种现象在很多家庭中比较普遍,尤其是在父母工作繁忙或者没有足够育儿经验的情况下,长辈的帮助看似为家庭提供了解决方案,实则存在一些不容忽视的弊端。

隔代养育的优势主要是可以促进祖父母与孙辈之间的关系，可以带来温暖的情感联结。孩子与长辈之间的互动有助于孩子从小尊重长辈，体会家庭文化和代际传承。

另外，在父母工作繁忙的情况下，长辈的帮助能够减轻父母的育儿负担，让父母有更多的时间去处理工作和生活中的其他事务。

当然，隔代养育也存在着弊端。首先可能在教育理念上有差异，不同代际的教育观念差异可能导致冲突。长辈的养育方式可能更为传统，而现代父母可能更注重孩子的独立性和心理健康。这种代际差异如果没有得到妥善沟通，可能会造成家庭成员之间的紧张关系。

其次可能会带来亲子关系的缺失。如果长辈过度介入孩子的养育，父母与孩子之间的亲密关系可能会受到影响。父母如果长期无法参与到孩子的成长过程中，孩子可能会感到情感上疏远，甚至出现依赖长辈的现象。

婆婆插手过多：家庭界限的缺失

有时候，婆婆的过度干预和插手会让新手妈妈感到无所适从。尤其是在现代社会，很多年轻父母有自己的育儿理念和生活方式，当婆婆以"为了孩子好"为理由插手时，家庭关系就容易变得紧张和复杂。

例如，小桦产后奶水不足且对育儿知识缺乏经验，婆婆见状主动提出照顾孩子并代为喂养。这本是好意，不过婆婆不仅独自带着孩子生活，还无形中断开了孩子与母亲的亲子关系，导致小桦失去了作为母亲的体验感和责任感。

更为严重的是，婆婆开始在教育孩子、生活安排等方面做出决策，使得小桦无法在孩子的成长过程中发挥自己的作用，逐渐感到失落和无助。

这种情况的出现往往是由于家庭中没有明确的责任界限。当父母和长辈的角色混淆时，原本应由父母承担的责任被无意识地转嫁到长辈身上，导致父母逐渐退居幕后，错失了在育儿过程中与孩子建立情感的机会。

家庭中的序位：如何建立健康的边界？

在现代家庭中，尤其是在婚后生活中，年轻夫妻建立的核心家庭应当高于原生家庭。父母与长辈的角色是辅助的，而不是主导的。在养育孩子的问题上，夫妻应当首先达成一致，明确自己作为父母的角色和责任，确保家庭内部有清晰的边界。长辈的帮助应当是在父母的同意下进行，而不是强行介入。

建立这种健康的边界需要父母之间有良好的沟通，并且在遇到问题时能够及时处理和调整。例如，一方父母如果觉得自己的父母过于干预孩子的养育，应该及时与另一方沟通，达成共识，共同面对长辈的介入问题。同时，作为长辈，也应该尊重年轻父母的育儿方式，不应该以自己过往的经验去强迫年轻父母接受。

家庭是一个充满温情和支持的共同体，但如果没有明确的角色分工和责任界限，往往会带来不必要的冲突和紧张。养育孩子是父母的责任，长辈的帮助应当建立在尊重和理解的基础上，避免过度干预和责任转嫁。家庭成员之间只有在相互尊重的基础上明确自己的角色和责任，建立健康的边界，才能为孩子创造一个和谐、温暖的成长环境。

练习：

1. **界限识别练习**：回顾你与父母或长辈的互动，哪些情况让你感到责任被转嫁或边界模糊？列举几个具体情境，并思考如果自己是父母，如何设定清晰的责任边界？

2. **父母角色反思练习**：想一想成为父母时，你如何平衡自己与长辈的关系。你愿意在什么样的情境下接受长辈的帮助，在什么情况下你需要坚持自己的育儿方式？写下你的想法。

3. **尊重与沟通练习**：当遇到长辈对育儿提出不同意见时，你如何进行有效的沟通和尊重？练习用尊重而坚定的语言表达自己的立场，确保双方都能听见对方的声音，避免冲突。

4.5 "学习是孩子的事,还是父母的事":课题分离中的家庭责任

"你怎么还没做完作业?快点,明天要交了!""这道题你怎么不会做?我来帮你。""今天的课文背诵了吗?背给我听一下!"这些话似乎成了很多家庭日常对话的一部分。

当父母比孩子更加焦虑,甚至代替孩子做出决策时,我们常常会忽视一个关键问题:孩子的学习究竟应该是谁的事?

在许多家庭中,父母往往表现得比孩子更加上心,尤其是在孩子的学习上。父母总是参与到孩子的学业中,督促、安排甚至直接替孩子做选择,导致孩子逐渐觉得学习是父母的事情,而非自己的事。

这种现象反映了一个严重的课题分离问题,即父母过度干预,导致孩子未能真正成为学习的主体。

课题未分离,学习成了父母的责任

现代教育心理学中的一个核心观点是:"孩子的学习应该是孩子自己的事。"父母的职责是创造一个适宜的学习环境,提供必要的支持和指导,但最终的学习行为和动力必须由孩子自己承担。

若父母一直替孩子操心学习,孩子便会觉得学习并不是自

己的事，这就导致了一种现象：孩子不急家长急。孩子可能觉得"成绩好，功劳都成父母的了"，自己不过是一个配角。这种心态直接削弱了孩子自主学习的动力。

比如，很多家长在孩子考得好时，常常会在外人面前夸耀孩子，但很少给予孩子表扬，通常只会说："这次考得还行，下次继续努力。"孩子感觉到自己努力的成果并不是自己应得的认同，而是父母的炫耀资本。这种情况会让孩子觉得自己努力只是为了满足父母的期望，而不是为了自己真正的成长，久而久之，他们就会对学习产生抵触情绪，甚至开始放弃。

从课题分离的角度，家长应该把孩子的学习课题还给孩子，而家长的课题是通过创造环境让孩子爱上学习、主动学习。

孩子为什么不爱学习？

● 竞争心态，父母的成就感压垮孩子

许多父母在孩子学习过程中常常会不自觉地将自己与孩子放在同一个竞争平台上，甚至在孩子面前炫耀自己的过往成就。比如，父母常常说："你爸爸/妈妈当年多么优秀，考了多少分，做了多少事。"这种言辞潜移默化地告诉孩子：你永远也无法超越父母。孩子一开始就感觉到自己无法与父母竞争，因此很容易产生放弃的心理。

例如，一个孩子听到父亲讲述自己小时候如何顶尖、如何

优秀，便觉得自己始终无法与父母的过往相比，于是便放弃了争取的动力，转而去从事一些能带来即时成就感的活动，如玩游戏或热衷于其他的兴趣爱好。父母的"炫耀"虽然出自好意，但往往会不知不觉地扼杀孩子的学习兴趣。

● **强迫学习，摧毁孩子的内在兴趣与动力**

"兴趣是最好的老师"强调了学习的内在动力。当父母过度强迫孩子学习，或者仅仅将学习作为达成目标的工具时，这种外在压力往往会摧毁孩子内在的兴趣与动力。

强迫学习不仅会让孩子对学习失去兴趣，还容易让他们对任何任务都产生抗拒心理。每个人都不喜欢被强迫，即使是自己曾经热爱的事情，也很难保持持续的热情。对孩子来说，学习本应是一段充满探索与发现的旅程，但过度的催促和压力会让这段旅程变得沉重和乏味。

电影《想飞的钢琴少年》就生动地呈现了这一点。在影片中，孩子最初只是对钢琴抱有好奇心，并且愿意去探索；然而，当妈妈发现孩子展现出了"天赋"之后，便急于让他参加各种钢琴课程，强迫他每天进行刻苦的练习。随着时间的推移，孩子的兴趣逐渐被磨灭，他开始刻意"摔傻"，以逃避学习钢琴。只有脱离了母亲的监控，孩子才能重新找回自己的兴趣，开始自发地弹奏钢琴。

这一例子生动地表明了强迫对孩子内在动力的破坏。原本源自好奇心和兴趣的学习因过度的压力变得沉重，进而失去色彩。孩子从"我想学"到"我必须学"的转变正是学习动力的丧失。一旦孩子没有了学习的自主性和乐趣，结果往往是彻底的反感和逃避。

在很多家庭中，父母将"成绩"和"成功"视为唯一的目标，不自觉地忽视了孩子在学习过程中的情感需求与探索精神。当父母的关注点全都集中在成绩、名次和外界评价上时，孩子的内在动力就会受到挤压，兴趣也会被消磨殆尽。由此，学习变成了一项任务，而不再是孩子自发的探索。

因此，父母在帮助孩子学习的过程中应该关注孩子的内在兴趣，而不是单纯的外部压力和要求。只有让孩子体验到学习中的乐趣，保持好奇心，才能让他们在学习的道路上走得更远、更轻松。

● **物质奖励无法激发内在动力**

当父母用物质奖励（如零花钱、电子产品等）来激励孩子学习时，孩子会逐渐将学习与奖励挂钩，忽视学习本身的乐趣和意义。

有一个故事讲述了一群孩子每天都去老人家附近玩游戏，因为很吵闹影响老人休息，老人感到很烦恼，后来就想出了一个办法。他提出，如果孩子们来这里玩，就给他们每人一块钱作为奖励，结果孩子们很积极，每天都去，但去的目的已经与玩耍无关，只是为了一块钱的奖励。

后来老人跟孩子们商量说，现在只能每次给五毛钱，孩子们虽然有点不乐意，但还是坚持每天来。这时，他们已经忘记来这里的目的是与伙伴们一起玩了。

又过了几天，老人提出以后来这里玩没有奖励了，孩子们都非常失望，大家决定以后绝不再来了。

你看，这就是物质奖励带来的后果，物质奖励替代了孩子们本身从玩耍的过程中获得的快乐，只是将来这里变成了换取奖励的行为。这种方式可能短期对行为有所促进，但对激发孩子的内在动力其实毫无益处。

如何提升孩子的学习动力与兴趣？

- 鼓励孩子独立选择学习内容

孩子需要有选择权，尤其是在他们的兴趣范围内。父母可以提供多样的学习资源，但应尊重孩子的选择，让他们决定自己想要学什么。这种自主性不仅能激发孩子的兴趣，还能培养孩子自我管理的能力。

例如，父母可以让孩子在暑假期间选择自己想学的课程，或者让他们尝试一些新的活动，如编程、绘画、音乐等。如果孩子觉得自己有主导权，他们的学习动力会得到自然提升。

● 表扬孩子的努力，而非结果

"孩子需要看到自己努力的价值，而不仅仅是结果。父母应该更注重对孩子学习过程的肯定，而不仅仅是成绩。"这一观点在卡罗尔·德韦克（Carol Dweck）教授的《终身成长》中得到了详细阐述。

德韦克提出的"成长型思维"（growth mindset）强调，真正的成功来自努力和学习的过程，而不是天赋或固定的才能。她指出，拥有成长型思维的孩子会看到自己的努力和进步，从而更有动力去面对挑战、克服困难，并不断提升自己。

德韦克认为，父母和教育者应当鼓励孩子努力去克服难题，而不是单纯地关注他们的聪明与才华。她的研究表明，当孩子学会将失败看作学习过程的一部分，而不是能力的体现时，他们会变得更加坚韧、更有耐心，也更能享受解决问题的过程。

因此，父母应给予孩子更多的过程性肯定，如"我很高兴看到你努力了这么久，终于找到了解决办法"，而不仅仅是因为成绩的好坏给予评价。这样，孩子才能够体验到真正的成长，并且建立起内在的自信，而不仅仅是追求短期的结果或者外在的表扬。

● 共同参与，但不替代

父母可以与孩子共同学习一些内容，建立一种互动性学习的关系，但不能替代孩子的学习。比如，父母可以陪孩子一起读书、做作业、讨论问题，但最终要让孩子自己给出结论。

比如，父母可以通过"示弱"的方式邀请孩子给自己讲解问题，甚至让孩子充当"小老师"，父母则扮演学生的角色。这不仅能增强孩子的自信心，还能让他们体会到自己是知识的传播者，这种角色转变是非常有益的学习体验，也能增强他们的责任感和成就感。

同时，父母也可以用好奇和探索的态度来参与学习，而不是仅仅作为监督者。这种学习态度能够帮助孩子在家庭中感受到浓厚的学习氛围，父母不仅是传递知识的对象，还是探索者。

一家人在周末一起读一本关于自然科学的书时，父母可以表现出对某些概念的好奇，问孩子一些问题，或者和孩子一起查找相关资料。通过这种方式，父母可以为孩子树立积极的榜样，表明学习不仅是孩子的任务，还是全家的共同活动。

● 建立良好的学习氛围

在家庭中创造一个适合学习的环境至关重要。父母应该尽量避免高强度的干预，给孩子提供一个安静、自由的空间来思考和学习。通过适当的时间管理和自主学习的机会，孩子能够找到属于自己的学习节奏。

例如，父母可以为孩子准备一个安静的学习角落，鼓励孩子独立完成作业，定期检查但不干涉，让孩子感受到自己的成长。

学习是孩子的事，父母的责任是创造一个良好的环境、提供适当的支持和鼓励，而不是代替孩子做决定。父母应该让孩子感受到学习的自主性与乐趣，而不是仅仅视学习为完成任务的工具。通过正确的支持方式，孩子不仅能取得更好的成绩，还能在过程中发展出内在的学习动力。

练习：

1. **自我反思**：在过去的一周里，反思自己与孩子的学习互动：有哪些行为可能导致孩子认为学习是父母的事？如何调整自己的行为来帮助孩子成为学习的主体？

2. **激励技巧**：写下三种不同的方式来鼓励孩子的努力，而非单纯的成绩，尝试在下一次与孩子互动时实施。

3. **共同学习**：找一个孩子感兴趣的主题，一起学习。父母与孩子一起探索，但不代替孩子的思考和解决过程。记录互动中的感受和变化。

4.6 做有界限的父母：保护孩子的成长空间

亲子关系中的界限不清往往以微妙但深远的方式影响着孩子的成长。父母的过度介入往往会剥夺孩子独立发展的机会，而父母的忽视可能会让孩子在情感和责任上感到迷茫。

一个典型的表现是，父母在孩子的日常生活中插手过多，设定了不合理的期望，甚至为孩子做决定，仿佛孩子的成长并不属于自己。孩子的内心逐渐被侵占，没有空间去思考、探索和建立自己的身份。

边界不清的表现形式

- **过度控制与干涉**

某些父母会要求孩子参加他们所选择的活动，常常不顾及孩子的兴趣与意愿。甚至对孩子的生活进行全方位的规划，替孩子做人生的重要决定。从选择学校到职业路径，孩子的每一步几乎都在父母的掌控之下。

- **情感依赖过重**

孩子需要的是父母的支持和引导，而不是情感的占有和依赖；然而，在一些家庭中，父母未能意识到孩子的情感独立性，过度依赖孩子的陪伴，甚至将自己的情感需求强加给孩子。例如，某一个母亲在孩子考上大学后，开始表现出强烈的不舍，甚至用情感绑架的方式要求孩子尽量常回家，频繁联系。这种方式会让孩子感到过度的压力，缺乏自我空间。

- **不恰当的责任转移**

这种表现通常出现在孩子面对挑战时，父母会过度介入，代替孩子去承担责任。例如，孩子成绩不理想，父母却代替孩子去向教师询问原因；孩子做错事，父母替孩子向学校进行各种解释。这些做法让孩子无法体会到责任的重量，也失去了成长的机会。

- **侵犯隐私与个人空间**

在某些家庭中，父母没有意识到孩子需要一定的隐私空间。比如，父母频繁翻看孩子的手机，查看他们的私密信件和社交账户。这种做法不仅侵犯了孩子的个人空间，还可能导致亲子关系的疏远。

父母应意识到在孩子的成长过程中必须尊重他们的个体性和独立性。孩子不仅仅是父母的延伸，他们有自己的思维、选择和情感需求，父母需要给孩子提供一个足够宽松、自由的成长空间。

如何做出改变，成为更智慧的父母？

如果你控制了孩子的一切，那么他将永远无法学会自己做决定。

意识到这些问题后，父母应该采取一些积极的措施，逐步建立起健康的界限，允许孩子在适当的空间内成长。

- **设立清晰的界限**

在《穿过内心那片深海》一书中，作者谢莉娜·艾雅娜（Sheleana Aiyana）提出了五种边界的类型：物理边界、物质边界、情感边界、心理边界和精神边界。这些边界不仅仅是心理学的抽象概念，更是人际关系中不可忽视的界限，在亲子关系中显得尤为重要。

每一种边界都有其独特的作用，能帮助父母与孩子保持健康的距离和独立性，促进孩子的成长，也保护父母的情感和心理健康。

物理边界

物理边界指的是个人空间和身体的独立性。每个人都有权利控制自己的身体和私人空间。对于孩子而言，父母需要尊重孩子的个人空间，避免不必要的侵犯。

比如，父母应尊重孩子的卧室和个人物品，避免随意进入或打扰。若父母总是随意进入孩子的房间，或者在没有征得同意的情况下触碰孩子的身体（如轻易地调整孩子的坐姿、给孩子穿衣等），这会让孩子感到自己的身体没有隐私和尊严，进而影响他们的情感健康。

有些父母在孩子不在家时会进入孩子的房间检查是否干净，甚至翻看孩子的个人物品。这样的行为侵犯了孩子的物理边界，不仅会让孩子感到不被尊重，还会让孩子产生焦虑和不信任。

物质边界

物质边界指的是个人物品及其使用权的独立性。在亲子关系中，父母不能随意处置孩子的物品，或者让孩子的物品成为父母的"公共财产"。这不仅是对孩子隐私的侵犯，还是对他们财产的不尊重。每个孩子都有权利决定如何使用自己的物品，父母应该给予适当的空间和自由。

比如，有些父母会随意检查孩子的手机，查看他们的聊天记录或社交媒体活动，认为这只是关心孩子的表现。实际上，这种行为是对孩子物质边界的侵犯，因为手机、个人物品等属于孩子的私人财产，父母应该给予尊重。

情感边界

情感边界意味着区分自己与他人之间的情感界限。在亲子关系中，父母的情感不应强加给孩子，不应将自己的焦虑、负面情绪或者未解决的情感问题投射到孩子身上。孩子需要学习如何处理自己的情感，而父母需要为孩子提供一个情感上健康的环境。这意味着父母要避免情感绑架，不通过操控孩子的情感来获得满足感。

比如，当孩子考试失败时，父母过度反应，把自己的焦虑和失落投射到孩子身上，这会让孩子感到自己无法做对任何事情，无法满足父母的期望，进而影响他们的情感健康。

心理边界

心理边界是指在思想、价值观和意见方面保持自我。父母在孩子的成长过程中过度干预，强行传授自己的思想和价值观，可能会让孩子失去自主思考的空间。

在亲子关系中，父母应当允许孩子发展自己的观点，独立思考问题。父母可以引导和启发孩子，但不能强迫他们接受自己的看法。

某些父母可能强烈要求孩子遵循自己的职业规划，或者强迫孩子追随自己的兴趣爱好，而忽视孩子内心的声音。这样做会让孩子觉得自己没有选择的权利，甚至可能抑制孩子的个性发展。

精神边界

精神边界指的是尊重他人的道路和选择，不轻易给出精神建议。在亲子关系中，父母应避免强加自己的信仰、宗教观念或生活方式给孩子。每个孩子都有权利选择自己的精神道路。父母应该尊重孩子的独立性，不干涉他们的个人信仰或人生哲学。

当然，孩子的价值观还未形成，正在塑造中，精神上的交流可以激发孩子对于真理的探索。在与孩子的辩论中，父母可以引导孩子树立普世的价值观。

在亲子关系中，尊重这五种边界是促进健康成长、建立亲密关系的基础。父母不仅需要意识到自己可能侵犯的边界，还要学会如何尊重孩子的独立性和个性。这不仅是对孩子的尊重，更是培养他们成为具有独立思考能力和情感健康的人的关键。通过清晰的界限，父母与孩子可以在相互尊重和理解中共同成长。

- **明确自己与孩子的责任区分**

父母的责任是为孩子提供爱与支持，教会他们如何在这个世界上生存、应对挑战，而孩子要为自己的选择和行为承担后果。比如，当孩子选择一条错误的道路时，父母不应该代替孩子去弥补，而是要支持孩子自己去面对问题，寻找解决办法。

李太太是一位全职妈妈，常常为孩子的未来过度焦虑。每当孩子在学校遇到困难时，她总是急于为孩子解决问题。有一次，她的女儿小雯在考试中没能取得好成绩，李太太立即跑到学校找教师讨要说法。

教师严肃地对李太太说："如果您帮她解决了所有问题，她永远也学不会自己面对挑战。"这句话让李太太顿悟，她意识到自己应该给孩子更多独立的空间以及独自面对挫败的机会。于是，她开始尊重孩子的决定，鼓励孩子自己做出选择，并帮助孩子学会从失败中汲取经验。

- **给孩子成长的空间，允许孩子失败**

父母的支持是必要的，但过度的包办和替代行为会剥夺孩子自我发展的机会。

孩子在成长的过程中可能会经历失败、挑战和挫折，父母不应替孩子去规避，而是应该鼓励他们自我探索、自我解决问题,并从中获得成长。比如,当孩子面临学业困境时,父母不应直接替孩子做出决定,而是应该和孩子共同探讨,帮助他们分析问题,并允许孩子决定如何行动。

小志是一个热爱篮球的男孩,但由于成绩一直不理想,父母便要求他放弃篮球,专心学习。小志不甘心放弃自己的兴趣,最终,他通过合理安排时间,在学习和篮球之间找到了平衡点。通过这个过程,他学会了自我管理和坚持,父母也意识到过度的干预会限制孩子的发展。

● 保持自己的成长和学习

父母的行为对孩子有潜移默化的影响。如果父母不成长、不学习,孩子也难以有对学习的兴趣和动力。作为父母,应当时刻保持对世界的好奇心,并为孩子树立榜样。父母在家庭中成为学习的榜样,可以为孩子提供一种积极的成长氛围。因为父母不仅是孩子的第一任老师,更是他们成长过程中的终身榜样。

在亲子关系中,建立健康的界限不仅有助于保护孩子的成长空间,更有助于促进父母与孩子之间更深层次的情感联结。父母的角色不是控制者,而是引导者。尊重孩子的独立性,给予他们足够的空间去探索世界,是父母成为更智慧父母的关键。通过适时的支持、恰当的引导和对孩子的信任,父母可以帮助孩子建立健康的自我认知,推动他们走向独立和成熟。

练习：

1. 家庭边界练习：与孩子进行一次深度对话，询问他们希望父母在哪些方面给予更多的自由度，尊重他们的选择，找出自己可能过度干涉的地方，并尝试适度放手。

2. 情感支持练习：通过家庭活动（如晚餐、周末的亲子活动），表达对孩子的认可和支持，注重鼓励孩子的努力过程，而非结果。

第 5 部分　友谊中的课题分离

"你总是把我当空气。"

"我已经做到极限了，为什么你还不满意？"

"我为你考虑了很多，为什么你从不为我考虑？"

在与朋友相处的过程中，我们常常会听到这些话，或者在内心默默地对自己说，我们为朋友付出了很多，但常常感觉得不到回报，甚至陷入对彼此责任的模糊与纠缠。曾经的朋友关系因过度的投入和模糊的边界渐渐变得沉重，甚至破裂。

很多时候，我们之所以与朋友的关系变得复杂和疲惫，正是因为我们未能清楚地划分自己的课题与朋友的课题，导致无休止的自我牺牲与不满。

本部分将带领你走进友谊中的课题分离，帮助你认识和解决友谊中的常见问题。

我们将探讨为什么会在关系中不断地为别人解决问题，却忽略了自己；为什么我们总是在讨好朋友，却依然感到孤独和无助；如何应对价值观的冲突，并在友情中找到平衡；以及当朋友做错了事，我们应该如何理智地处理问题，避免无谓的牺牲。

通过本部分的学习，你将学会如何为自己设立健康的情感边界，如何在友谊中维持自我、尊重他人，从而建立更加平等、健康的关系。你将不再为别人承担过多的责任，也能避免自己成为别人情感负担的出口。最终，你会发现，良好的课题分离不仅能让你与朋友的关系更加轻松自在，还能让你在这段友谊中真正找到自己的位置和价值。

接下来，我们将进入友谊中的课题分离——通过理解自己在关系中的角色来实现更加自由和成熟的互动。

5.1 为什么我们总是帮别人解决问题，却忽略了自己

真正的友谊不是单方面的付出，而是相互理解、支持与尊重。

小花是家里的第二个女儿，由于一些原因，她被寄养在了

姑姑家,而在外人面前,她只能称自己的爸妈为"叔叔""阿姨"。无论是在姑姑家,还是在父母家,她感觉自己始终是一个"外人"。

在姑姑家,小花从来不敢提出自己的要求,也不敢主动表达自己的需要,她总是悄悄地忍受着,尽力融入,却从不敢打破那层微妙的隔阂。回到父母家,情况也没有好转。虽然父母给了她名义上的身份,但她依然是那个被边缘化的存在。姐姐和弟弟可以随意提出要求,享受宠爱,而她从不敢轻易开口,生怕自己的需求会被忽视或拒绝。

她习惯了察言观色,照顾他人的情绪,尽力让周围的人都感到舒适与满足,却从来没有人真正关注她的感受和需求。即使内心渴望帮助,或者需要支持,她也总是犹豫不决,担心自己会被拒绝,最终选择默默承受,甚至打消求助的念头。

这样的模式伴随着她的成长,悄无声息地融入到了她与朋友的关系中,她常常无条件地帮助别人,甚至为此忽视了自己内心深处的声音,最终,她发现自己总是在付出,却从未真正得到应有的回报。

每当朋友有需求,她都会毫不犹豫地伸出援手,甚至愿意牺牲自己的时间、精力去解决他们的问题;然而,当她自己需要帮助时,她却总感觉自己没有资格向别人寻求支持。她常常陷入这样的自我牺牲和被动奉献的旋涡,虽然内心感到疲惫和不平衡，却始终没有能力为自己争取应得的关怀。

这背后其实是一个许多人在关系中都会面临的课题——帮助别人而忽略自己，以及由此**形成**的"讨好型人格"。

讨好型人格与课题分离

在朋友关系中的课题分离是要学会区分哪些是自己能控制和承担的责任，哪些是属于别人、该由别人来承担的责任。

> 我们总是习惯性地帮助别人解决问题，却忘了问自己一个问题："这真的是我的课题吗？"换句话说，我们是否一直在以一种模糊的角色来帮助别人，承担着并非属于自己的责任？

这其实与我们成长过程中被"工具化"的经历密切相关。有些人从小就被告知自己是"为别人而存在"的，可能是父母的期待，也可能是家庭中的角色定位。

比如，小花从小在家庭中不被重视，她的需求经常被忽视或压抑，习惯性地将别人的需求置于自己的前面。在这样的背景下，她往往不自觉地将自己的价值寄托在对他人的服务上，认为只有通过帮助别人，才能得到认可和爱。

这种习惯性"讨好"的背后折射出一个深层次的心理问题——自我价值感的缺失。当一个人觉得自己不配得到别人关爱时，他们便会不自觉地为别人付出过多，希望通过无条件的付出换取认同感和安全感。

实际上，这种不断向外索取认可的方式最终只会加深自己内心的空虚与匮乏，因为爱与认同必须建立在相互尊重和健康的边界上，而不是单方面的奉献与牺牲。

低价值感与不平等的关系

另一种常见的情形是，自我价值感低使得我们在友谊中扮演了"不对等"的角色。当对自己缺乏足够的认同时，我们会不自觉地把自己"放低"，以至于在朋友面前始终处于卑微的地位。

这样的关系往往让人感到情感的不平衡和不满，但又不敢表达，因为一方面怕被拒绝，另一方面深信自己配不上更好的待遇。

你无法获得认为自己不配的东西。当一个人认为自己不配得到爱与关怀时，便会抗拒任何对自己好的事情。即使别人伸出援手，内心的不配得感也会让你难以真正接受对方的好意，因为你觉得自己没有资格。

在这种状态下，朋友对你的好意并不会让你感到满足，反而会加剧你内心的痛苦，因此你选择主动放弃帮助，用"为别人付出"来证明自己的价值。这是一种典型的情感自我牺牲，最终让自己处于一种情感极度匮乏的状态。

情感付出与过度牺牲

在许多关系中,情感付出是建立深厚联结的重要方式,但当这种付出过度时,往往会引发内心的委屈与不平衡。

我们常常为朋友、亲人或伴侣无私地提供帮助,期望得到回报与认同,但现实中却发现,自己的付出似乎被忽视或被视为理所当然。这种情感的单向流动往往让我们感到精疲力尽,甚至开始质疑自己在关系中的价值。

这种过度付出的背后往往隐藏着一种"牺牲"的心态。

我们可能会觉得,只有不断地为别人付出,才是证明自己爱与忠诚的方式,甚至会把这种隐忍与自我牺牲视为"伟大的事情"。

我们不能给予别人自己没有的东西。如果你总是用自己的时间、情感、精力去为他人提供无偿的支持,而自己没有得到足够的滋养和回报,那么受伤的只能是自己。

真正的友谊应该是相互的、平衡的。当我们的付出没有得到回报时,情感上往往会感到失衡,久而久之,这种不平衡的关系会让人疲惫,甚至可能会把自己当作一种"工具",在无休止的付出中逐渐失去自我。这种付出,若没有得到真正的理解与感激,往往也无法带来真正的满足和归属感。

只有学会关爱自己、承认自己的需求,才是健康关系的根本。只有当我们学会界定自己的情感需求,并在给予的同时照顾好自己，才能避免情感的枯竭，保持内心的平衡与充盈。真正的友谊并非单方面的牺牲，而是建立在相互尊重、理解与支持的基础上的。

如果你习惯了为别人牺牲，难以表达自己的需求，那么就需要学会分辨哪些是自己的课题、哪些是朋友的课题。课题分离不仅是情感上的清晰界定，还是心理上对自己权利的认识。你有权利拒绝不属于你的责任，也有权利向别人表达自己的需求和期待。

例如，在与朋友的互动中，是否总是自己主动帮助别人解决问题？为朋友提供帮助后没有得到相应的感谢或者反馈，是否感到愤怒或失望？这些情感反应其实是在告诉你，可能你的"付出"已经超出了你与朋友关系的界限。这时，你需要停下来问问自己：这个问题是否属于我？如果属于我，如何在帮助朋友的同时保持自己的边界？如果不属于我，如何委婉地拒绝？

如何爱自己，避免过度付出？

爱自己并不是自私，而是一种对自己需求的健康关注。真正的自我关爱包含以下三个层面：

身体层面：关爱自己的身体健康意味着定期对身体进行保养。你可以从小的日常行动做起，如每天保证一定时间的运动，哪怕是简单的散步、练瑜伽或是短时间的力量训练。保持规律的作息时间，尽量确保每天7～9小时的睡眠，这有助于身体恢复和维持高效运作。同时，注意饮食的均衡，避免暴饮暴食，尽量摄入新鲜蔬菜和水果，减少加工食品的摄入。一个健康的身体是自爱最基本的体现，它可以为你提供更多的精力去应对生活中的挑战。

心理层面： 关心自己的情绪意味着允许自己感受到所有的情感，无论是快乐还是悲伤。学会接纳自己不完美的一面，认识到每个人都会经历低谷、失落或挫败。你可以定期进行情绪调节，如通过冥想、深呼吸或静坐，让自己在紧张和焦虑中找到平衡。同时，保持日常的情感清理——通过写日记、和朋友谈心或寻求专业帮助来排解内心积压的负面情绪。当情绪管理得当时，心理负担就能够得到有效释放，你也能以更加明朗的心态去面对生活中的压力。

精神层面： 尊重自己内心的需求意味着倾听自己真正的声音，而不是让外界的期望左右自己的决策。这需要你定期进行内心的成长和探索，试着通过阅读、写作、旅行或静心等方式去了解自己，探索内心深处未曾触及的需求与愿望。你也要学会分辨什么对你来说是必要的、什么是外界对你的期待。当你明确地知道自己真正想要什么时，学会坚定地说"不"，拒绝不符合自己价值观或情感需求的人和事。比如，如果某段关系让你感到疲惫、不满足，那么要及时抽身，而不是一味地忍耐。这种精神层面的自我认知与坚持可以帮助你建立更有质量的内心世界。

"你不能给予别人自己没有的东西"这句话提醒我们，爱与支持必须从自己开始，只有自己学会了真正的爱，才能给予他人健康、平等的爱。我们需要学会为自己设立情感界限，识别哪些是自己的课题、哪些是别人该承担的责任。唯有如此，友谊才能真正成为彼此滋养的良性循环。

练习：

1. **反思自己的付出**：写下过去三个月内你为朋友付出的三件事，反思它们是否是自己想做的、是否是自己该做的。如果发现自己在某些方面不愿意或不应该付出，便给自己设立一个明确的界限，并计划如何在未来做出调整。

2. **设立需求清单**：列出五个你在友谊中需要的支持或帮助，尝试主动向朋友提出。观察自己在接受帮助时的感受，记录自己的反应，并思考这些反应背后的原因。

3. **爱自己的具体行动**：列出你认为自己值得关注和关爱的三件事，并在接下来的一周内专门为自己安排时间，做一些能让自己感到舒适和放松的活动。

5.2 虚伪友谊与隐性竞争：如何识别和培养真正有意义的关系

在生活中，我们每个人都希望拥有真诚的友谊，但在现实中，很多关系往往是表面热络，实则充满竞争和利益。这种虚伪的友谊看似双方亲密无间，但在关键时刻会发现，彼此间并没有深厚的信任和支持。

真正的友谊不仅是分享欢乐时光，还是在困难时刻相互扶持。但很多人发现自己被困在了这样一种关系里：表面上看似"有朋友"，但实际上，心里却有一种隐隐的不安——不被理解、不被支持，甚至被竞争和嫉妒所包围。

虚伪友谊中的隐性竞争

虚伪的友谊中常见的一个现象就是"隐性竞争"。我们可能会遇到这样一种朋友：表面上称赞你、支持你，仿佛你们是一对无话不谈的知己；然而，背后隐藏着许多不为人知的情绪竞争。比如，可能在事业上，你们曾经是彼此的激励者，但当你获得了一定的成功，朋友却不再关心你的进步，甚至暗自嫉妒，逐渐冷漠。这种关系可能始于健康的竞争，但渐渐地，互相竞争的心态便侵蚀了真正的友谊。

有时，竞争来自更隐蔽的地方——家庭、婚姻和育儿。比如，一个朋友看似关心你的生活,实际上却在家庭问题上暗自和你比较,甚至在言语中时不时地带上几分"酸"的情绪。这样的友谊本质上并没有站在彼此的立场上看问题,更多的是把对方作为自己人生的一个"参照物"。这种关系会让你感到不舒服,但又难以表达。

一个很典型的案例就是我曾经接待过的一位来访者小青的故事。小青的痛苦来自她与她闺密的关系。起初,她与这位朋友关系非常好,两个人会分享生活中的一切,包括孩子的教育问题。当小青的女儿厌学、成绩不断下滑时,朋友并没有展现出理解和帮助,反而频频提到自己孩子多么优秀。每次聚会,这位朋友都会提及自己孩子的学习成绩,并且暗示小青的教育方式存在问题。这种"暗箭伤人"让小青感到非常痛苦,她开始怀疑自己作为母亲的价值,甚至对这段友谊产生了怀疑。

事实上,虚伪的友谊往往会把竞争和比较置于关系的中心,最终让你感到疲惫、困惑甚至心灰意冷。很多时候,我们因为害怕失去朋友或者害怕被孤立,不敢直面这种隐性的竞争,甚至会自我否定,试图迎合别人;然而,真正的友谊应当是基于互相尊重、理解和支持的,会衷心地为对方的成功感到高兴,并且对朋友的幸福表达祝福,即使有竞争也是良性的,会在相互的激励与支持下让彼此变得更好。

识别有毒关系：远离那些伤害你的友谊

要识别虚伪友谊，我们首先就要理解何为"有毒关系"。有毒关系通常表现为：

◆ **贬低你、操控你的关系**：朋友常通过贬低你的成就，或者在言语上进行潜在的情感操控，使你感到自己不配得到关爱。

◆ **利用你的关系**：当朋友只在自己需要帮助时找你，平时却从不关心你，这种"吸血鬼式"的关系会让你感到自己只是被利用的工具。

◆ **背叛与不稳定**：有些朋友表面上是知己，实际上他们常常在背后讲你的坏话，甚至在你有需要时远离你，不在你最需要支持的时候出现。

◆ **忽冷忽热的关系**：这种朋友往往在自己处于困境时会依赖你，但当你有需要时，他们却变得冷漠，表现出一种"不稳定"的情感。

如果你发现自己在这样的关系中感到越发疲惫，甚至对自己产生怀疑，那么这段友谊可能正在消耗你。认清这种虚假的友谊，并勇敢地选择远离它，是走向内心自由的第一步。

真正有意义的友谊：支持与理解

那么，什么才是有意义的友谊呢？

首先，我们需要明确，真正的友谊是建立在支持和理解的基础上的，而非建立在竞争与利益交换之上。真正的朋友能在你成功时为你欢呼，也能在你低谷时默默地给予支持和陪伴，而不是在背后做出负面的评价。

在20世纪的文学界，美国女作家苏珊·桑塔格与伊丽莎白·哈德威克之间的友谊是值得称颂的典范。这两位作家不仅在文学上有深厚的交流，还在个人生活中互相扶持，为对方提供了精神上的慰藉与支持。她们的友谊并非表面的热络，而是通过共同的文学品位、对社会议题的关注以及对女性独立与权利的坚持而结成的深厚纽带。

桑塔格和哈德威克都对女性身份、女性自由以及社会变革有深刻的思考和关切。桑塔格的评论文章《将思想化为刀刃》曾获得哈德威克的高度评价，而桑塔格称赞哈德威克的小说《不眠之夜》"将碎片化的语言拼凑出真实的女性生命"，为女性文学开辟了新的视角。

她们之间的沟通从未仅仅停留在表面的小事上，而是常常围绕着艺术、生活与思想进行深度交流。她们不仅是彼此的文学同行，还是无形中为对方人生旅程增添力量的灵魂知己。

随着岁月的流逝，两人也经历了各自的生活风波。桑塔格在罹患乳腺癌后,身体状况越发虚弱,哈德威克则经常前往医院探望她,带来她所喜爱的书籍和音乐,为她提供精神上的慰藉。哈德威克明白,友谊不仅是快乐时光的共享,更是在困难时刻的彼此陪伴。

哈德威克的婚姻破裂给她带来了巨大的情感创伤。桑塔格则以一封充满深情和鼓励的信件回应她:"你的文字比任何男人都更永恒。"这封信不仅是对哈德威克文学创作的认可,更是对她作为女性的自信与勇气的肯定。桑塔格的这份支持不仅仅停留在言语的鼓励上,更像是一束光照进了哈德威克的生活,让她能够在失落中重新找到自我。

两人的信件交流成了她们友谊的重要组成部分,字里行间充满着对彼此的珍惜与感激。她们彼此分享着生活中的每一个细节,从文学创作到个人困境,再到对人生、爱情、家庭的深刻反思。尽管生活给予她们不同的磨难,但她们的友谊始终如一。

通过这段友谊,我们可以看到真正的女性友谊是如何在相互扶持、尊重与理解中得到滋养的。桑塔格与哈德威克的友谊不仅是两位文学大师之间的惺惺相惜,更是在各自的人生困境中找到的坚实的精神支撑。她们的友谊证明了真正的关系不是建立在共享快乐时光的基础上,而是建立在相互尊重、支持与无条件的理解之上。

如何培养深度友谊？

◆ **保持人格独立**：在友谊中，我们要保持自我，避免完全依附于朋友。独立的人格能够让你在关系中保持健康的边界，避免依赖对方满足自己的情感需求。

◆ **建立清晰的边界**：你需要知道自己能够向朋友提供什么，也需要知道在什么情况下拒绝别人。清晰的边界能够避免过度付出，从而减少情感的耗损。

◆ **真诚与支持**：真正的友谊需要建立在彼此真诚的基础上。与朋友相处时，你们之间应有一种轻松、信任、支持的感觉。即使出现误会，也能通过坦诚沟通和主动道歉化解冲突，巩固友谊。

虚伪友谊中的隐性竞争可能会让你感到疲惫不堪，只有识别并远离这些不健康的关系，才能让你真正获得的内心自由。真正的友谊应当建立在支持、尊重和理解的基础上，而不是竞争和利用。在每一段关系中，我们都需要明白自己的价值，学会辨别，并且培养那些能够给你带来温暖和滋养的友谊。

练习：

1. **情感清单**：列出朋友和你之间的关系，区分出哪些是真正的友谊，哪些可能是虚伪的、竞争性的关系。

2. 边界练习：思考并明确自己在友谊中需要建立哪些边界（情感上的、时间上的、空间上的），并尝试在下一次朋友的请求中明确表达自己的边界。

3. 沟通练习：当与朋友有误解或冲突时，你试着主动道歉或澄清，看看这种主动沟通能否帮助你们化解隔阂，拉近距离。

5.3 价值观不合：如何在友情中找到平衡

在一段深厚的友谊中，双方的价值观差异常常是潜在的隐患，尤其当彼此的信念和行为发生冲突时，如何在这种分歧中找到平衡，避免伤害彼此，成了每个人在处理关系时面临的挑战。

今天，我们通过芳菲和李芸的故事来探讨如何在价值观不合的情况下维护友谊并寻找平衡。

芳菲与李芸的故事：信任与价值观的碰撞

芳菲和李芸是多年的好朋友，两人之间有深厚的友谊；然而，最近李芸的行为让芳菲感到困惑与不安。

李芸向芳菲吐露了一个自己从未对人讲过的秘密——她与一个男性保持着长达三年的婚外情，她目前不打算与丈夫离婚，也想继续这段婚外情。李芸坦言，她对丈夫的感情早已淡化，但她仍然享受婚姻带来的安全感。芳菲对此感到十分震惊，她觉得李芸这样做非常不负责任，对丈夫不公，是一种背叛。她认为，既然不愿意离婚，为什么不放弃外面的感情？一个人不可能同时兼顾两段关系，李芸应该做出选择。

李芸并不认为她的行为有什么不妥，她觉得自己既可以在婚姻里享受稳定，也可以在外面追求激情，甚至她认为因为自己有了内疚感，所以对丈夫更加体贴和照顾。

芳菲内心却感到无比冲突，她看重的忠诚和责任感与李芸的观念完全背道而驰。这种价值观的冲突让芳菲感到非常困惑，她开始犹豫是否还应该继续和这样一个"价值观不正"的朋友交往。

价值观的冲突是否威胁到了友谊的基础？

在处理这个问题时，我们首先需要反思，价值观的冲突是否直接威胁到了友谊的基础？事实上，友谊和婚姻不同，它没有法律的束缚，也不要求两个人在所有方面都保持一致。友谊的核心是相互理解和尊重，但这并不意味着朋友在价值观上一定要完全契合。

李芸的选择是她的课题，芳菲虽然可以表达自己的观点和立场，但她不应该试图代替李芸做出决定。每个人的生活都有独特性，价值观的冲突往往只是我们如何理解对方与自己生活方式差异的一种反映。作为朋友，芳菲不能也不应该去改变李芸的决定，而是需要提供自己的视角，帮助她从更广阔的角度审视问题。

如果芳菲的道德标准和李芸的行为无法调和，那么芳菲必须面对的是：这段友谊是否值得继续？芳菲需要反思，自己是否能够接受李芸的生活方式，或者自己是否愿意与李芸保持距离。这个决定是建立在自己内心底线的基础之上。是否可以继续友谊取决于芳菲能否在尊重李芸选择的同时捍卫自己的道德信念。

如何处理价值观上的分歧？

♦ **明确自己的底线**：在价值观的分歧中，我们首先要知道自己的底线在哪里。对于芳菲来说，忠诚和责任感可能是她的道德底线，而她可能不能忍受婚外情的存在。了解并清晰界定自己的底线有助于更好地理解是否能够继续这段关系。

♦ **学会包容与尊重**：友谊的维系不要求两个人在所有事情上都达成一致，但要求在分歧中彼此尊重。芳菲如果能够接受李芸的做法，至少在尊重她的选择的同时保持自己的立场，也许这段友谊依然能得以维系。

♦ **明确沟通与表态**：如果芳菲认为李芸的行为违反了她的价值观，并且自己无法接受，那么她应当直面这个问题，与李芸进行真诚的沟通，说出自己内心的冲突和不安，而不是压抑情绪。这不仅能促进彼此更深层次地了解，还能避免积压不满导致友谊破裂。

◆ **理解个人选择的后果**：每个人都必须为自己的选择付出代价，芳菲可以提醒李芸，婚外情带来的不仅是短期的快感，更是长期的心理负担和对婚姻的伤害。同时，芳菲应该认识到，李芸有权做出自己的选择，无论结果如何，都是李芸的责任。

如何在友谊中找到平衡？

面对这样的价值观冲突，最终的平衡可能在于如何尊重彼此的独立性和接受双方的差异。友谊不像婚姻那样要求双方生活在一起，共享每个细节和决定。因此，尽管在一些问题上存在明显的分歧，双方依然可以在尊重和理解的基础上保持健康的友谊。反之，如果分歧过大，彼此的底线和价值观无法调和，友谊可能需要重新定义或适度疏远。

总而言之，友谊中的价值观冲突虽然可能使我们感到困惑和不安，但它也为我们提供了反思自己和他人的机会。面对冲突，我们需要首先厘清自己的底线，并通过尊重、沟通和理解来维持关系。友谊中的平衡不是强行改变他人的选择，而是学会在尊重差异中找到共同的立足点。

练习：

1. 反思自己的底线：列出你认为自己在友谊中无法接受的行为或态度，以及价值观，帮助你明确自己在价值观冲突中的立场。

2. 与朋友的开放对话：如果你和朋友之间存在价值观差异，可以尝试进行一次开放的对话，分享彼此的看法和感受，看看是否能通过沟通化解不满或误解。

3. 寻找价值观的共识：列出自己和朋友之间共同的价值观，看看是否有可能在这些共识的基础上加强友谊，减少分歧带来的冲突。

5.4 朋友做错了：我该如何处理这段关系

在友谊中，有时我们会面临朋友的错误，这些错误可能会直接或间接地伤害到我们。当朋友的行为突破了我们的底线，甚至让我们感到极度受伤时，如何处理这段关系成了一个重要的课题。尤其是当这些错误与我们的核心价值相关时，关系的处理就变得尤为复杂和微妙。

朋友犯错对自己造成的伤害：情感背叛与成长的契机

我们常常以为友谊是牢不可破的，但有时它会因一个致命的错误而崩塌,甚至改变我们对某个人的看法。尤其是当朋友的行为直接伤害到我们时,这种伤害不仅来自行为本身,更来自背叛带来的信任崩塌。

有时候,朋友的错误是直接与我们的生活和感情密切相关的。比如,你的好友与自己的男友发生了感情纠葛。这样的错误无疑是情感上的背叛,会给我们带来巨大的伤害。在这种情况下,我们失去了两个非常亲近的人——不仅是深爱的恋人,更是多年的朋友。情感上的背叛往往让我们深陷痛苦的旋涡,感觉既丧失了亲密关系,也失去了信任感。

在这种情况下,我们需处理的首要问题是如何从伤痛中恢复。无论我们如何尝试着去平复心情,面对朋友的背叛,这种情感的创伤是需要时间来愈合的。与此同时,我们要学会清晰地划分责任和后果:朋友犯错是她自己的选择,我们没有义务为她的行为承担后果。尽管我们感受到了痛苦和失望,但这段友谊是否还能继续下去,需要基于我们对这段关系的反思和评估。

当然,并非所有的错误都与我们直接相关。有时,朋友的错误并不会直接伤害到我们,而只是其个人行为的偏差,或者是在某些冲突中做出的不恰当选择。这类错误为我们提供了帮助朋友成长的机会。

例如,朋友在工作中犯了错误,导致其在单位内的关系变得紧张,或者在与他人的互动中做出了不够理智的选择。尽管这些错误并未伤害到我们，但我们依然可以以朋友的身份帮助她看到自己的盲点。

如果我们从"课题分离"的角度来分析，这些错误并不会直接影响到我们的人生，但作为朋友，我们可以为她提供反馈，帮助她意识到自己的行为可能带来的后果，并给予她改进的建议。

这种"提醒"并非为了责怪或批评，而是出于对这段友谊的珍视。真正的朋友应该是那些敢于指出你错误的人，而不是那些为了维持表面和谐而回避问题的人。

通过这样的反馈和交流，朋友有可能看到自己没有意识到的问题，进而促使自己成长和改进。这种帮助也可能让你们的关系变得更加深厚且有意义。

不论是朋友的背叛还是朋友的一时失误，面对朋友的错误，我们都需要清楚自己的界限和底线。我们的责任是支持和提出建议，而不是替对方承担她的后果。在关系中，我们能给予朋友的最真诚的帮助，往往是帮助她看见自己，并在她的错误中找到成长的空间。

有时，我们与朋友的关系不仅是相互支持，更是相互成就。通过彼此的提醒和反馈，友谊能得到升华，我们也能更清楚地认识到自己的价值观和底线，懂得如何处理与朋友之间的矛盾和分歧。

在面对朋友的错误时，我们需要分清两种情形：一是当错误直接伤害到我们，尤其是情感受到背叛时，我们必须评估这段关系是否值得继续；二是当错误与我们无关时，作为朋友，我们可以帮助对方看到自己的不足，并提供建设性的反馈。这种支持并非替对方承担责任，而是通过沟通和理解共同成长。

如何处理这段受伤的友谊？

面对朋友的错误，特别是那些让自己感到情感受到伤害的错误，我们如何处理这段关系取决于以下几个因素。

- **判断错误的严重性**

首先，我们需要评估朋友的错误是否严重影响到我们对这段友谊的信任。比如，背叛的行为或是一次严重的情感伤害可能让我们无法再信任对方。这时，最好的选择是冷静下来，理性地思考是否还能继续这段友谊。如果错误非常严重，导致关系的根基受到伤害，那么也许是时候做出决断，画上句号了。

- **自我反思与情感疗愈**

我们也可以通过反思自己的情感需求与底线来处理这段友谊。当我们受到伤害时，首先需要厘清自己的思路，了解自己为什么会受伤，是不是因为对方的错误触及了你深藏的恐惧和不安全感？有时候，真正的伤痛来自自己内心的不安，只有懂得疗愈自己，才能更好地面对与朋友之间的关系。

● **保持理智，提出建设性的意见**

如果你选择继续与朋友保持关系，那么不妨以一种建设性的方式来沟通，告诉对方的错误给你带来的影响，并说明自己对于友谊的期待。一份健康的友谊是建立在相互尊重和理解的基础上的，双方都需要为关系承担责任。如果你能够理性地表达自己的感受，并愿意倾听对方的感受，那么友谊有可能在困难后重新找回平衡。

课题分离：朋友的责任与你的责任

在处理朋友的错误时，课题分离是一个至关重要的原则。你不能代替朋友做出选择，更不能替朋友承担她造成的后果。每个人都有自己的责任范围，作为朋友，我们的责任是给予支持和帮助，而不是替对方承担生活中的所有困难。

比如，在你提出批评和建议时，记得这只是你对她行为的看法，不意味着你为她的行为负责。她的选择是她的课题，后果也由她来承担。你需要做的是明确自己的界限，承认自己的情感需求，并保持独立的立场。

友谊中的错误可能会挑战你的价值观和底线。面对朋友的错误时，最重要的是坚守自己的价值观。例如，若朋友的行为违反了你基本的道德观念，或者触及了你内心的敏感点，那么你有权选择重新审视这段关系。

你需要问自己：我能接受这种行为吗？我是否可以继续信任这个人？如果答案是否定的，那么无论如何，这段友谊都不值得继续维系。

在朋友做错事后，我们面临着两种选择：一种是原谅并继续这段关系，另一种是画上句号。无论如何，最重要的是在整个过程中保持自我，确保自己的情感需求得到满足，并且坚守底线。

朋友之间是相互滋养的关系，朋友的错误不应该轻易摧毁你对友情的信任。我们可以通过冷静的思考和真诚的沟通来处理这段关系，给予朋友改错的机会，也给予自己疗愈的空间。

练习：

1. **界定底线**：写下你在人际关系中坚守的底线和原则。思考哪些行为会触及你的底线，哪些错误是你无法容忍的。

2. **情感表达**：以书信或日记的形式向曾经伤害过你的朋友表达自己的感受；练习以不带攻击性的话语向朋友提出批评，并明确自己的需求。

3. **课题分离**：回顾自己和朋友之间发生过的冲突，分析哪些部分是你能控制的，哪些部分是你无法控制的，并思考如何更好地分清责任，减少情感负担。

第6部分　建立边界，拥有自在人生

建立边界并不是为了远离他人，而是为了让你有能力与他人建立真正的联结。

在人生的旅程中，我们常常被各种关系所牵绊，可能是与家人、朋友、同事之间的关系，也可能是与自己内心的关系。每一段关系的质量往往取决于我们是否清楚地界定了边界。边界不是墙，而是界限，它可以帮助我们清楚地知道自己应该做什么，不应该做什么，能为他人承担多少责任，能使自己免受多少伤害。

其实，所有的烦恼和困扰都与边界不清密切相关。很多人感到压力、焦虑甚至痛苦，往往是因为我们没有意识到自己与他人之间的界限变得模糊。当我们没有区分清楚自己的责任与他人的责任时，我们就会不断地为他人的问题买单，牺牲自己的空间和需求，最终失去自由。在这种模糊的状态下，我们可能无法有效地拒绝别人不合理的要求，甚至会让自己不断陷入困境，无法自拔。

在这一部分，你将学会如何认识并建立健康的边界。通过"课题分离"的思维，你可以更清楚地了解自己想要什么，了解自己能为他人做什么，能拒绝什么，从而在各种关系中游刃有余。你将学会如何区分自己的责任与他人的责任，不再为别人的问题承担过多的压力，也不会让自己的需求被忽视。

最终，你将获得一种真正的自由，这种自由不是外界环境赋予的，而是自己内心界限清晰的结果。

健康的边界就是你对自己负责，去决定哪些人、哪些事情值得进入你的世界。

6.1 你是否也有不清晰的边界？识别这些常见表现

只有知道自己的边界，才能真正拥有自由。

边界感（Sense of Boundary）是个体对人际交往中自我与他人界限的清晰感知和维护。边界感强的个体在处理与他人之间的关系时能明确区分"我"和"你"，并平衡人与人之间的距离。

在我们的生活中，边界就像是一堵看不见的围墙，定义了我们与他人、事物之间的关系。边界不是要将自己与世界隔开，而是保护我们自己，确保我们拥有足够的空间去成长和做出选择。同时，它没有统一的标准，而是有弹性的：在不同的场景中以及在与不同人的关系中，可以灵活地区分哪些是可以接受的，哪些是不能容忍的。

边界的弹性：健康的界限

健康的界限意味着我们能在与他人交往时清楚地知道自己的感受和需求。例如，在与朋友的交往中，我们明白友情意味着分享和支持，但也需明确地识别自己何时需要私人空间。如果朋友无意中侵犯了我们的私人空间，我们可以礼貌地表达自己需要安静，避免彼此产生不必要的冲突。

边界不清晰的表现则可能意味着我们没有意识到自己在某些领域的界限，或者忽视了他人的边界，从而导致关系中的不适与冲突。

边界不清晰的表现

● **家庭关系中的边界不清晰**

在家庭关系中，边界不清晰可能表现为过度干涉他人生活。比如，有些父母在孩子成年后仍然习惯性地参与孩子的决策过程，不允许孩子做出独立选择。夫妻之间长期没有明确的角色区分，如丈夫可能会对妻子的职业选择提出过多的意见，妻子也会频繁干预丈夫的社交活动。这些行为常常让家庭成员感到压抑，甚至失去个人成长和自主决策的空间。

- **职场关系中的边界不清晰**

职场中，边界不清晰的情况尤为复杂。在许多职场关系中，员工与领导、同事间容易产生角色混乱。比如，员工可能在工作中承担了过多的个人责任，甚至替领导分担情感压力，而领导可能忽视了对员工的专业支持。或许，某些同事在私下过度侵占个人空间，要求参与私人生活的决策，导致工作和生活之间的界限模糊。这些不清晰的界限往往加剧职场压力，最终导致不满和冲突。

- **亲子关系中的边界不清晰**

尽管我们在亲子关系中已做过详细探讨，但仍需在这里简要说明一下，亲子之间的边界问题常常表现为父母过度依赖孩子，或者孩子无法独立面对挑战。父母可能无意识地把自己未完成的梦想或情感需求投射到孩子身上，试图替孩子做决定，忽略了孩子的个人成长空间。健康的亲子关系应当是让孩子拥有足够的自由，去探索自己的兴趣和人生方向，而父母要学会放手，尊重孩子的个性和选择。

- **伴侣关系中的边界不清晰**

在伴侣关系中,边界的不清晰表现得尤为直接。例如,夫妻无法区分个人空间和共同空间,可能会导致互相侵犯隐私。在生活中,过多干涉对方的私人时间,甚至把自己的需求强加给对方,形成不健康的依赖关系。真正有边界感的伴侣关系是彼此尊重、理解,并能够在共同的生活中找到平衡;让彼此都能有独立的成长空间。

- **双重或者多重角色所带来的边界议题**

我们可能在一些生活或者工作场景中无法非常清楚地区分自己的角色与定位,致使关系变得非常复杂,进而产生难以调和的矛盾。

比如,在一些夫妻共同经营的企业中,边界问题尤为突出。夫妻在家里是生活伴侣,在工作中是合作伙伴或上下级关系,这时就可能发生界限不清的问题。有些夫妻会在工作场合中无法脱离私人情感的影响,争执从工作走到家庭,甚至在家庭生活中也带着工作上的情绪。在家庭中提到工作问题,又容易带入感情的冲突。这种模糊的角色区分容易让人迷失在不同身份的交替中,从而无法找到真正属于自己的空间。

如何提升自己的边界感?

提升边界感的第一步是了解自己的需求和底线。

你需要认识到自己内心的真实需求，了解什么是自己可以接受的，什么是不能容忍的。比如，在情感需求上，我们必须学会辨别自己的感受，知道自己在不同关系中的角色和责任，学会对他人的行为做出回应，而不是被动接受。

你需要花时间去思考什么是你愿意接受的，什么是你绝不容忍的。这不仅涉及情感需求，还涉及时间、空间、价值观、生活方式等方面。为了帮助自己更好地识别这些底线，可以采用以下几种方法。

- **情感日志法**

每天写下你的情感体验和感受，尤其是那些让你感到不适或被侵犯时的感受。这些记忆和情感能帮助你更清晰地识别自己的底线。例如，有一天你感到某个朋友对你过于依赖，或者某个家庭成员总是忽视你的私人时间。通过写下这些情感反应，你会逐渐明白哪些行为是你不能接受的，哪些是可以容忍的。

- **"是什么让我感到被侵犯"的自我提问**

每当你感到不适或受伤时，停下来问自己："是什么让我感到被侵犯？"你如果感到某个行为跨越了你的底线，那就要弄清楚造成这个行为背后的原因。这能帮助你清晰地辨别自己的边界。

- **设定明确的目标与界限**

一旦明确了自己的底线,就需要通过设定一系列目标来强化这些界限。例如,你可能发现自己总是因为工作的需要而牺牲个人时间,在这方面,你可以设定一个目标:"我每周至少保证两天是完全属于自己的,不处理工作事项。"目标越具体,边界越清晰,自然也就越容易遵守。

- **自我成长也意味着学会表达自己的界限**

当你发现别人跨越了你的边界,第一时间应当勇敢表达自己内心的真实想法。比如,你可以在不舒服的时候告诉对方:"我不喜欢你这样做,我需要一些空间。"同样,在面对亲密关系中的情感问题时,我们要有意识地去维护自己的空间与尊严,避免被侵犯。

- **使用"我"语言**

当你表达自己的想法时,应当使用"我"语言而非"你"语言。这种方式能避免指责和攻击,让沟通更平和。例如,与其说"你总是这么自私,什么都不顾及我",不如说"我觉得有点困扰,当你在晚上打电话过来讨论工作时,我需要的是休息的时间"。这样不仅更易于沟通,还能帮助你清楚地表达自己真正的需求。

- **设定时间限制**

在亲密关系或职场中,很多人不清楚如何为自己的时间设立界限。一个实用的方法是设定时间限制。当别人要求你做某件事时,你可以给出明确的时间范围。例如,"我愿意在今晚的会议上分享我的想法,但我只能参与一个小时"。这不仅能帮助你避免被过度消耗,还能让对方明确知道你有时间上的要求。

- 使用"非强迫性的语言"

当你需要拒绝他人的请求时,可以使用非强迫性的语言,这样既能表达拒绝,也不会让对方感到情感上的压力。比如,"我现在真的没有空参加这个活动,但是谢谢你邀请我。希望下次有机会一起去"。这种方式能让对方感受到你仍然重视这段关系,但同时你维护了自己的边界。

- 练习主动沟通

边界的建立不是在别人侵犯时才有所反应,而是要在早期就主动沟通。当你意识到某个行为可能影响到你的边界时,就需要提前与对方沟通。例如,在职场中,如果你希望下班后不再接收工作信息,就可以提前与同事或领导明确这一点:"为了保证我的休息质量,晚上我不查看工作邮件,紧急事务可以通过电话联系我。"这种主动的沟通方式能帮助你减少后续的冲突,并让他人知道你重视自己的时间和精力。

- 在亲密关系中的时间与空间分配

在亲密关系中,尤其是伴侣之间,边界感尤为重要。你可以与伴侣商量，分配好个人的空间和时间。例如，每周安排一段"个人时间"，这段时间内你可以做任何自己喜欢做的事情，无论是看书、运动还是与朋友聚会。在这段时间里，彼此不做过多干扰，让对方有足够的空间去充电，提升个人能量，避免因过多的依赖而感情疲劳。

边界清晰是我们在生活中获得自由与平衡的基础。在家庭、职场、亲密关系和双重角色中如果边界不清晰，往往会让我们感到压抑、困扰或失去方向。通过自我觉察和不断成长，我们可以明确自己的边界，并在与他人相处时找到平衡点。这不仅能保证我们的情感健康，还能促进彼此关系的和谐与稳定。更重要的是，只有边界清晰的人才能真正拥有掌控自己人生的能力。

6.2 区分权利与责任，让自己不再为他人的问题买单

生命只有一次，别让别人的问题耗尽你所有的精力。

在我们的生活中，我们往往习惯于将自己的时间、精力，甚至情感消耗在他人的问题上，而忽视了自己真正的需求和生命的意义。

> 我们可能会被别人的错误所激怒，因他人的选择而承担不该属于自己的责任，最终却让自己失去了生命活力与

> 自由。其实，所有的这些都源于我们未能清晰地区分"权利"与"责任"之间的关系。

权利与责任：在生活中找到平衡的艺术

权利越大，通常也就意味着需要背负越多的责任。不过，最令人痛苦的是权利与责任不对等，自己明明背负着巨大的责任，却发现自己什么权利也没有。这往往意味着我们需要不断地为他人的问题买单，尤其是在他人并不愿意承担自己的责任时。

另外，人们在追求掌控权利的过程中，常常容易陷入一种心理误区：为了获得更多的认同和控制权，不断地去迎合他人，承担他人的责任。

比如，自恋型人格的人常常想掌控局面，渴望周围的人不断给予自己关注和认同。他们的生活仿佛只为外界的评价而存在，渴望成为焦点。

但这样的控制欲与需求在某种程度上导致了痛苦，因为现实是世界上不可能有任何一个人会完全符合你所有的期望和要求。即便是最亲密的人，也无法永远为你点赞。那种源自他人认同的幸福感是脆弱的，往往带来更多的焦虑和空虚。最终，这些人一味地将自己的生命投入到别人的评价和反应中，从而失去了自我。

传统文化下的责任：摆脱固有角色的束缚

在中国传统文化中，责任往往被视为无法逃避的天命。无论是父母的期待、家族的使命，还是社会赋予的角色和义务，每个人似乎一出生就背负了沉重的责任。这种责任感固然在很多情况下为社会的发展提供了动力，但它也让许多人过于牺牲自我，甚至忽视了个人的生命需求。

例如，男孩从小就被教育要为家族振兴而奋斗，女孩则常常被教导要承担家务、照顾家庭，而自己的人生和梦想往往被忽略。

随着时代的变迁，我们渐渐意识到，这种由社会与文化所赋予的责任并不是绝对的。比如，今天的男性可以选择成为家庭主夫，女性也可以赚钱养家，单身女性同样能够活得精彩。社会观念的转变逐步让人们重新思考责任的定义，而不再被传统模式所限制。

自我牺牲与自我觉醒：从隐忍到表达，活出真实自我

"牺牲"这一概念在很多人的生活中被赋予了过高的价值。许多人在家庭、职场甚至社交圈中，为了他人、为了家庭、为了社会，放弃了自己的需求与渴望。中国文化中往往提倡"大公无私"的牺牲精神，但这种牺牲是否真的有意义呢？当你将自己的所有责任都建立在他人的需求之上，你的生命是否会因此得到充实与满足？

举个例子，很多女性在传统观念中常常"牺牲"自己，以为家族做出贡献为荣；然而，当一个女人全身心投入到这个责任中时，是否忽略了自己的内心需求？她们不仅没有继承家族的财产，还承担了更多的家庭责任，在某些情况下，这种责任的负担反而让她们丧失了个人的选择权。

生命的真正责任：活出属于自己的精彩人生

那么，我们应该如何平衡自己的责任与他人的责任呢？最重要的是我们要认识到，每个人的生命都是独一无二的，生命真正的责任在于能够活出自己想要的人生。

你为什么在这个世界上存在？你希望过什么样的生活？你为自己做出怎样的选择，才能感受到真正的自由与充实？

责任不应当是别人强加给你的负担，而应当是你内心深处对自己生活的承诺。你有权选择不再为他人的问题承担过多的责任，你有权选择活得更加自我、自主。你的人生不应该被别人定义，更不应该为了他人的期待和需求而牺牲自己的梦想与渴望。

通过区分权利与责任，我们可以从根本上减轻自己因他人问题而产生的压力，意识到每个人的生命仅此一次，生命的真正责任是活成自己想要的样子，而不是按照他人设定的标准去生活。只有学会承担属于自己的责任，放下无谓的负担，我们才能真正感受到自由，过上充实、轻松的生活。

6.3 课题分离：真正拥抱自由的秘诀

自由的本质是学会把自己的课题与他人的课题分开。

课题分离的核心就是教会我们如何在关系中找到自由，减少不必要的负担，并掌握自己的人生。

小茹的故事：从匮乏到自由

小茹出生在一个物质与情感都极度匮乏的家庭。父母没有固定工作，也没有文化，家庭的收入一直处于不稳定的状态，为了应对基本的生活，父母常常处于焦虑中。尽管家庭环境不好，小茹却很争气，学业一直表现得很出色，她顺利考上了一所985大学，成了家里唯一的希望。

但这并未为她带来真正的自由。大学期间，小茹总是习惯性地讨好他人，特别是在导师和同学面前。她总是答应导师安排的任务，哪怕自己已经有了其他的事情要做，结果导致自己几乎没有时间去写毕业论文，最后差点延毕。步入职场后，她依然延续了这个习惯，成了那个"默默承担、永远不被看见"的角色。她努力工作，付出了很多，却总是感觉自己得不到应有的认可与回报。

她的痛苦并非没有原因。通过咨询，小茹开始逐渐意识到她曾经所处的"匮乏"环境深深影响了她的情感和行为模式。

她的父母生活在极度匮乏的状态中,他们不仅经济拮据,而且在情感表达上非常有限。在这样一个家庭里长大,小茹早早地学会了"讨好"。

她努力付出,试图通过付出获得他人的肯定与认可,包括工作后有了收入,不停地给父母买礼物,她期待着被父母"看见",期待父母夸赞她"女儿有出息了",但她的父母无力给她这种反馈。她总是感到愤怒,尤其是当她买了昂贵的礼物给父母时,却看到他们舍不得使用。

在咨询师的帮助下,小茹终于理解了父母的课题是匮乏,他们的情感表达和物质分享的局限性并不意味着她不够好;而她的课题是不断向外求证自己的价值,总是试图通过外界的认可来弥补内心的空虚。这种不断讨好的行为其实是一种自我牺牲,却始终无法得到想要的回应。

通过课题分离的练习,小茹学会了不再为父母的匮乏买单,也不再为他们的情绪承担责任。她逐渐意识到自己的课题是学会肯定自己,学会拒绝他人的不合理要求,找回自我价值的核心。

课题分离的核心理念

课题分离的核心理念在于明确区分哪些问题是自己的、哪些是他人的。很多时候,我们之所以感到困惑和不自由,是因为我们混淆了自己和他人的课题——我们将别人无法解决的问题当作自己的责任，或者将他人的情绪负担背负在自己身上，从而产生了巨大的心理压力。

课题分离教我们要有意识地把自己的问题和他人的问题分开，并主动做出选择。你无法控制别人，也无法替别人做决定。你能做的就是专注于自己的选择和行动，承认自己能控制的部分，并学会放下那些无法控制的东西。

课题分离如何帮助你获得自由？

课题分离的真正自由来自不再将自己的时间和情感投入到不属于自己的课题中。

自由意味着不再为他人的问题承担责任，不再为他人的期待和情绪背负重担，学会控制自己能控制的事情，而将无法控制的事情交还给别人。

比如，小茹经过课题分离的练习后，开始在职场中尝试着获得应有的认可。在工作中，她开始学会拒绝额外的任务，专注于自己的职责，并主动表达自己的需求。她不再为了同事或上司的情绪感到焦虑，而是学会了保持自信和维护内心的平和。

通过课题分离，小茹逐渐找到了自己的价值，并赢得了别人更多的认同和尊重。两年后，她不仅收入增长了数倍，还成功晋升为部门经理。她深知课题分离不仅是职业成功的"秘诀"，还是内心拥有自信和力量的源泉。

如何练习课题分离？

● 觉察与区分

当你感到不舒服时，首先要学会觉察自己的情绪，不要急于改变或回避。其次你需要给自己一段时间，停下来反思，思考这件事是我的课题吗？我能为此做些什么？如果不是自己的问题，请学会立即放下，避免被不属于自己的问题所困扰。

● 清晰的界限

在情感关系中，清晰的界限至关重要。你需要明确哪些事情是你自己能控制的、哪些是别人可以控制的。只有理解并接受这一点，才能够避免不必要的焦虑和减轻内心的负担。

● 拒绝与自我肯定

课题分离意味着要学会说"不"。当你发现正在承担不属于自己的责任时，要学会勇敢地拒绝。这一切的前提是你必须学会自我肯定，认识到自己的价值，不过度依赖外界的评价和肯定。

● 保持内心的平静

面对他人莫名的情绪或无礼的行为时，你应当保持冷静，不急于反应或插手。当他人的问题无法解决时，你需要保持清晰的界限，不要把他人的情绪当作自己的责任。

课题分离是你从繁忙的生活中获得自由的钥匙。它可以帮助你区分哪些是你能够控制和负责的，哪些是你无法承担的。

通过课题分离，你不再为他人的问题感到烦恼，不再因他人的情绪左右你的心情，你获得了真正的自由和内心的平和；你学会了让自己过上不被他人的观念所束缚的生活，活得更加自信，活得更加自在。

正如小茹所说："课题分离是我一生的功课，我一直在成长的路上。"让我们一起勇敢地面对自己的课题，拥抱属于自己的自由吧！

参考文献

[1] 伊里戈扬. 冷暴力 [M]. 顾淑馨, 译. 南昌: 江西人民出版社, 2017.

[2] 布莱克. 取悦症: 不懂拒绝的老好人 [M]. 姜文波, 译. 北京: 机械工业出版社, 2018.

[3] 戈特曼, 西尔弗. 幸福的婚姻 [M]. 刘小敏, 冷爱, 译. 杭州: 浙江科学技术出版社, 2014.

[4] 艾雅娜. 穿过内心那片深海 [M]. 闻达, 译. 北京: 中国科学技术出版社, 2024.

[5] 洛根. 爱的练习: 女性自我成长手册 [M]. 陈凯西, 译. 北京: 人民邮电出版社, 2022.

[6] 卡普兰. 感恩日记 [M]. 张淼, 译. 北京: 新世界出版社, 2016.

［7］岸见一郎，古贺史健．被讨厌的勇气[M]．渠海霞，译．北京：机械工业出版社，2021.

［8］理查森．超越原生家庭[M]．牛振宇，译．北京：机械工业出版社，2018.

［9］恩格尔．这不是你的错：如何治愈童年创伤[M]．魏宁，译．北京：人民邮电出版社，2016.

［10］沃克．不原谅也没关系：复杂性创伤后压力综合征自我疗愈圣经[M]．严菲菲，译．北京：北京科学技术出版社，2023.

［11］泰西纳．钱、性、孩子[M]．刘凌，译．北京：中信出版社，2008.

［12］莱特．如何正确吵架[M]．钟辰丽，译．北京：中国华侨出版社，2019.

［13］李中莹．爱上双人舞[M]．北京：世界图书出版公司，2005.

［14］特雷斯特．我的孤单，我的自我：单身女性的时代[M]．贺梦菲，薛轲，管燕红，译．桂林：广西师范大学出版社，2018.

［15］布拉夫曼．看见孩子，看见自己：与不开心的孩子聊聊内心冲突[M]．成鸿，译．北京：北京日报出版社，2018.

［16］斯蒂克斯鲁德，约翰逊．自驱型成长：如何科学有效地

培养孩子的自律[M].叶壮,译.北京:机械工业出版社,2020.

[17] 博内特,伊万斯.人生设计课:如何设计充实且快乐的人生[M].周芳芳,译.北京:中信出版社,2022.

[18] 阿莫迪欧.重建信任:爱情与背叛的心理学[M].夏天,冯迦宁,译.北京:中国轻工业出版社,2022.

[19] 佩鲁索.应对不忠的家庭系统式方法——理解与重建[M].程章,译.北京:中国轻工业出版社,2020.

[20] 德韦克.终身成长:重新定义成功的思维模式[M].楚祎楠,译.南昌:江西人民出版社,2017.